できる！を伸ばす弁当の日

親はけっして手伝わないで

竹下和男 編著

だから、ひろがれ〝弁当の日〟

子どもたちの生きている時間の中で、学校や塾に関係する「まなびの時間」は増えています。生きていくための基本的な衣食住に関係する「くらしの時間」は減っているというのに…。香川県綾川町《あやがわちょう》の滝宮《たきのみや》小学校で竹下和男校長（当時）は子どもたちに「くらしの時間」を取り戻した方がよいと考え、２００１年に「子どもが作る〝弁当の日〟」を始めました。子どもが年に数回、自分でお弁当を作って学校に持ってくるという取り組みです。

何を作るかを決めることも、買い出しも、調理も、弁当箱に詰めるのも、その片付けも、すべて子どもがします。親も先生も、その出来具合を批評も評価もしないという約束です。

大人は子どもが包丁を使い、火を使うことを「危ない」「失敗したら」などと心配し、あるいは親が「やった方が早い」「教えるのは面倒」と手を出してしまいがちです。自信がなくて親に手伝ってもらう子どももいます。でも「全部自分で作った」という友だちを見ているうちに「次は自分だけで作ってみよう」と決心するときがやってきます。だから、それはかまわないのです。子どもには自分で伸びようとする力が備わっていることを思い出してほしいのです。大人はじっと見守ってあげてほしいのです。じっと見守ることができるのは大人の力です。

〝弁当の日〟とは、

子どもが自分で食べる弁当の、献立作り、買い出し、調理、弁当箱詰め、片付けのすべてを、一人で行うという食育の取り組み。親が手伝わないことで、一人前になりたいという、子どもが本来もっている「生きる力」を育てようというもの。２００１年、当時香川県の滝宮小学校校長だった編著者（竹下和男）がはじめた。２００３年に農林水産省が提唱し、地域に根ざした食育推進協議会・（社）農山漁村文化協会主催の「地域に根ざした食育コンクール２００３」で最優秀賞を受賞。

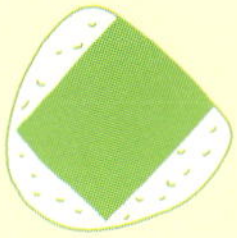

「子どもが作る〝弁当の日〟」を実施する学校の中には、状況に応じたアレンジを加えているところもあります。例えば、学年ではなくクラス単位でやる、遠足の日にやってみるなど。作ってもらった人に感謝の言葉を伝えるだけ、弁当は作らないけど家で朝のみそ汁作りに挑戦するというスタイルもあります。子どもではありませんが、「一人1品持ち寄り弁当の日」を実施している大学もあります。地域でみんながお弁当を持ち寄る活動を始めたところもあります。〝弁当の日〟に共感して地元自治体、学校、生産者と連携した取り組みを始めた企業もあります。

料理の食材には、それを作ったり、取ってきたりする人たちの時間が使われています。料理を作る時間は、その人たちの寿命の一部です。その料理を食べる人のために、自分のために、たくさんの命の時間を費やしてもらっているということです。だから、食事の前には、感謝して手を合わせるのです。「あなたの命を」「いただきます」と。

〝弁当の日〟の体験を通じて、子どもたちは食べることが、濃密な「命のバトンリレー」であることを学んでいきます。自己肯定感が育まれ、目が輝き始める子どもがいます。遠い日の家庭でのぬくもりを思い出す親がいます。子どもが地域への感謝に気づくこともあります。そして、想像力が培われ、感性が磨かれ、人に喜ばれることをうれしいと知り、ものごとを感謝とともに受け止められ、この世界をまっすぐな目で見つめられるようになるでしょう。

だから、ひろがれ〝弁当の日〟

そうなるといいな、そうなるかもね、うちの学校でもやらないかな、とちょっとでも思ったあなた。今日から「子どもが作る〝弁当の日〟」応援団です。本書をガイドに、身近なところで、できることから始めませんか?

もくじ

編著者

竹下和男

〈プロフィル〉

たけした・かずお●1949（昭和24）年、香川県生まれ。香川大学教育学部卒。小学校教員9年、中学校教員10年、教育行政職9年を経て、2000（平成12）年に綾南町立滝宮小学校の校長となり、01年から〝弁当の日〟を始める。03年から国分寺中学校校長、08年から綾上中学校校長を務め、10年3月に定年退職。現在は全国を回り、精力的に講演活動を展開中。

ひろがりのはじまり

Photo Library

滝宮小学校〝弁当の日〟の2期生たち。彼らは5年生で5回、6年生で6回、計11回の〝弁当の日〟を経験した。

手前は、担任の小谷先生が作った弁当。6年生になった彼らには余裕が感じられる（両サイドの写っていない子、ゴメンナサイ）。

あこがれ

子どもには成長を願う、内なる叫びがある。
あこがれるということは、
自分の未来を肯定的に見ているということなのだ。
この3枚の写真は〝弁当の日〟による
子どもの成長を具体的に示している。

Photo Library

1年生の遠藤君が6年生の弁当をのぞき込んでいる。

6年生になった遠藤君が1年生の植松さんに弁当をのぞき込まれている。

その植松さんが5年生になって、弁当をのぞき込まれている。

松野先生（右端）の力作に、生徒は圧倒される。

文化祭の展示に、地域民が家族づれで見入る。

みんなのリアクションに、早朝からの努力が報われる。

見事なキャラ弁に先生や友だちが集まってきた。

「ごはんと笑顔フォトコンテスト」読売新聞社賞受賞。

4年生までは、「作りたい！」気持ちがふくらむ「がまんの時代」。

Photo Library

見せっこ

自分が作った弁当に、友だちや先生や地域の人たちがどんな反応を示すのか？ 子どもたちの心に社会性が育ち、社会力が形成されている貴重で楽しい「見せっこ」の時間。

見てほしい！ 聞いてほしい！ 話したい！ そして食べたい！

子どもが作る〝弁当の日〟

共同通信社から依頼を受けて〝弁当の日〟の連載記事を17回分書いた。

全国の多くの地方新聞社が採用してくださって、〝弁当の日〟の全国的な知名度は急上昇。

一話完結風に書いた連載に、未公開の新たな私の写真もふんだんに添えました。

一気に全編を読んでください。

1 日本社会を変えるために
2 おにぎり、お茶は工業製品？
3 全国の学校に広がる「子どもが作る〝弁当の日〟」
4 三つのきまり
5 給食の向こう側

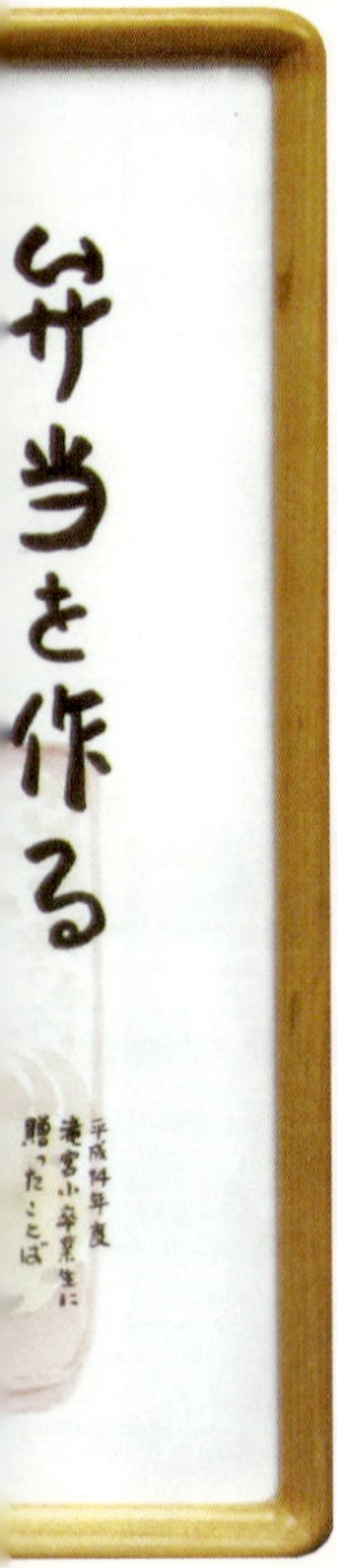

竹下和男

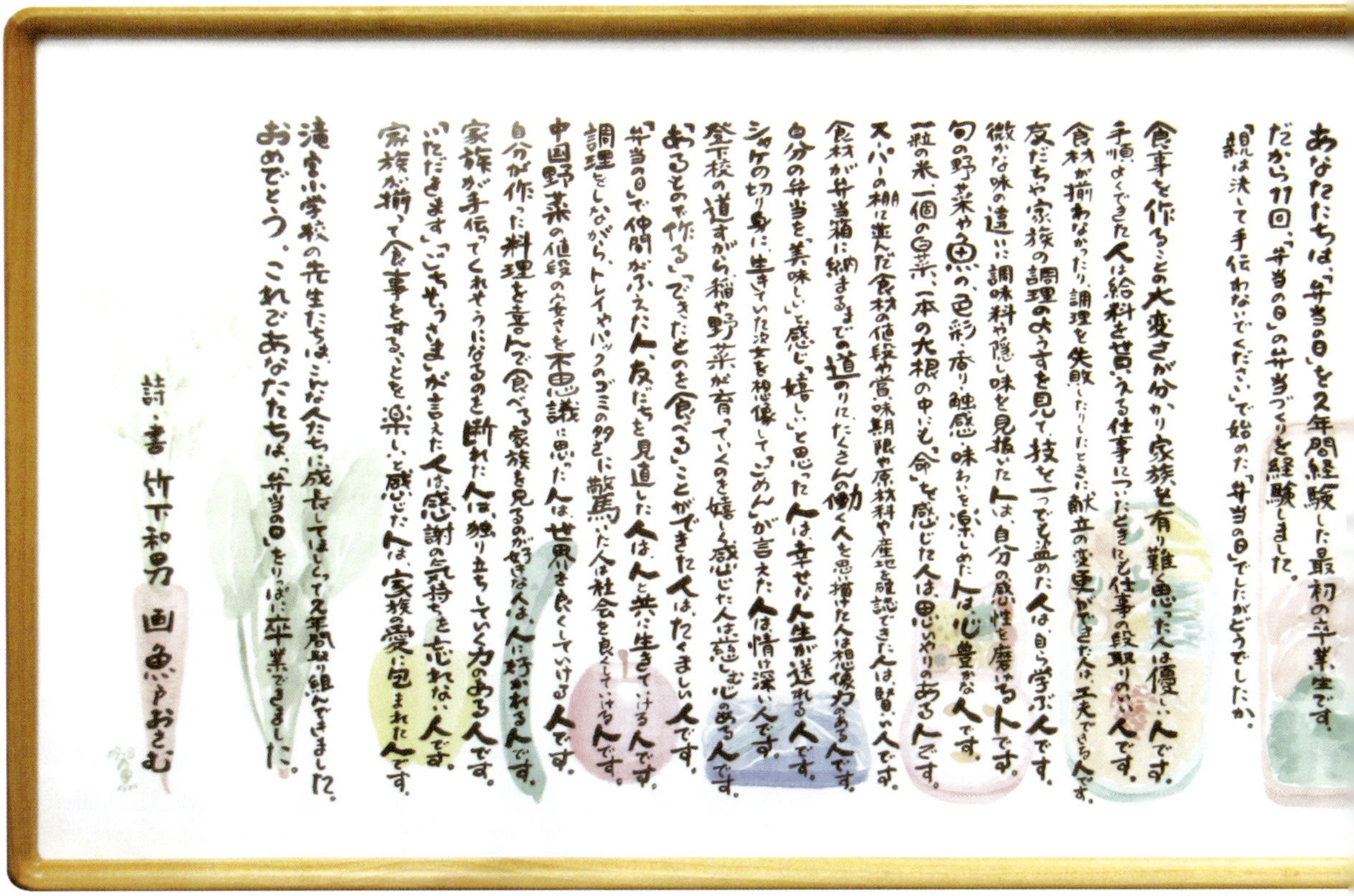

あなたたちは、「弁当の日」を5年間経験した最初の卒業生です。

だから11回、「弁当の日」の弁当づくりを経験しました。

「親は決して手伝わないでください」で始めた「弁当の日」でしたがどうでしたか。

食事を作ることの大変さが分かり、家族を有り難く思った人は、優しい人です。

手順よくできた人は、給料を貰える仕事についたときにも仕事の段取りのいい人です。

食材が揃わなかったり、調理を失敗したりしたときに献立の変更ができた人は、工夫できる人です。

友だちや家族の調理のようすを見て、技を一つでも盗めた人は、自ら学ぶ人です。

微かな味の違いに調味料や隠し味を見抜いた人は、自分の感性を磨ける人です。

旬の野菜や魚の、色彩、香り、触感、味わいを楽しめた人は、心豊かな人です。

一粒の米、一個の白菜、一本の大根の中にも「命」を感じた人は、思いやりのある人です。

スーパーの棚に並んだ食材の値段や賞味期限や原材料や産地を確認できた人は、賢い人です。

食材が弁当箱に納まるまでの道のりに、たくさんの働く人を思い描けた人は、想像力のある人です。

自分の弁当を「美味しい」と感じ、「嬉しい」と思った人は、幸せな人生が送れる人です。

シャケの切り身に、生きていた姿を想像して「ごめん」が言えた人は、情け深い人です。

登下校の道すがら、稲や野菜が育っていくのを嬉しく感じた人は、慈しむ心のある人です。

「あるもので作る」「できたものを食べる」ことができた人は、たくましい人です。

「弁当の日」で仲間がふえた人、友だちを見直した人は、人と共に生きていける人です。

調理をしながら、トレイやパックのゴミの多さに驚いた人は、社会を良くしていける人です。

中国野菜の値段の安さを不思議に思った人は、世界を良くしていける人です。

自分が作った料理を喜んで食べる家族を見るのが好きな人は、人に好かれる人です。

家族が手伝ってくれそうになるのを断れた人は、独り立ちしていく力のある人です。

「いただきます」「ごちそうさま」が言えた人は、感謝の気持ちを忘れない人です。

家族が揃って食事をすることを楽しいと感じた人は、家族の愛に包まれた人です。

滝宮小学校の先生たちは、こんな人たちに成長してほしくって5年間取り組んできました。

おめでとう。これであなたたちは、「弁当の日」をりっぱに卒業できました。

詩・書 竹下和男　画 魚戸おさむ

滝宮小学校“弁当の日”2期生の卒業文集に寄稿した詩。魚戸おさむ（漫画家）さんが描いた弁当や野菜の絵の上に私が筆で詩を書いた。

1

日本社会を変えるために

2001年10月18日の朝。香川県・滝宮小学校の5、6年生126人が「自分で作った」弁当を持って登校してきた。子どもたちは教室に入ると、包みをほどく手ももどかしく弁当箱を取りだした。

やっとふたを開けた弁当箱から、色鮮やかな卵焼き、タコウインナー、レタスが目に飛び込んでくる。弁当箱をのぞきこむ友だちから感嘆の声が上がる。「うわー、きれい！」「おいしそー」「じょうずー」

そんな弁当箱を持って、教室、廊下、隣のクラスへとウロウロ歩き、弁当箱を見せっこする子どもたちの顔は満足感にあふれている。教室も廊下も興奮状態だ。その弁当を食べられるのは、まだ4時間以上も先のことなのに。

給食がない日の風景なのか。いやいや、この日はランチルームで、弁当を食べる5、6年生を見ながら、1

５年生の最初の“弁当の日”は、やっと順番が回ってきた喜びにあふれている。「まるで大人になった気分」なのだ。私も、毎年カメラを提げて滝宮小学校へ出かけていく。

〜4年生は給食を食べた。5、6年生の給食は〝弁当の日〟のためにストップしたのだ。

私が滝宮小で「子どもが作る〝弁当の日〟」を始めて11年目になった。異動先の高松市立国分寺中学校では8年目、綾川町立綾上中学校では4年目になった。3校とも、私が学校を去ったあとも〝弁当の日〟を継続している。

いまでこそ〝弁当の日〟の実践校は全国に広がったが、最初の5年間はなかなか広がらなかった。それでも私はあきらめずに執筆・講演を中心に広報活動を展開してきた。

子どもが大好きで教師になった。2010年、38年間の教師生活を終え、定年退職した。この間、出会った児童・生徒、保護者、教職員、行政・地域の人、そして〝弁当の日〟で出会った仲間たちに深く感謝している。すべての人が私を育ててくれた。

「〝弁当の日〟で日本を変える」と宣言して〝弁当の日〟を始めた。変えようとしたのは子どもたちではない。子どもを取り巻く環境、つまり日本社会だ。

2

おにぎり、お茶は工業製品？

幼稚園で「ままごと」をした。就学間近の子どもたちなら、自分の家族の食事風景を想定した「ごっこ遊び」ができるまでに成長している。

「おにぎりができたよー。一緒に食べよう！」と、先生がおにぎりを盛った大きな皿を教室に運んできて、どーんと食卓の真ん中に置くしぐさをする。集まってきた幼稚園児たちが見えない皿をのぞきこんで口々に歓声をあげる。

「うわー、おいしそうやなー」「たくさんあるなー」「いただきまーす」。気の早い子が三角おにぎりをつまみあげて大きな口を開けてほおばろうとすると「それ、ちがうやろ！」と制止する子どももがいた。

「おにぎりの食べ方はこうやないか！」その子が演じたおにぎりの食べ方とは、コンビニのおにぎりにあるフィルムをまず取り除き、次にのりを張り付ける作業だった。

自宅で親が作ってくれたおにぎりを一度も食べたことがない子どもが増えてきた。彼らにとっておにぎりとは家庭で作るものではなく店で買うものであって、その一個一個はフィルムに包まれている。

数年前、幼稚園で講演をしたとき「お茶って家で作れるんですか？」と、私にたずねた母親がいた。「やかんにお湯を沸かしてお茶っ葉を入れるとできますよ」と言うと「うそー、そんなことをしている母親を見たことがない」と言った。幼いときから家庭で親が湯のみについでくれたのは、いつもペットボトルのお茶だったという。

手作りのおにぎりを食べたことがない子や、お茶を沸かせない親を笑ったりさげすんだりしてはいけない。見たり作ったりした経験が全くなければ、おにぎりやお茶を工場で作る工業製品と思い込むことは当然だ。

でも、この豊かな日本社会、何かがおかしい。こんな現実を受け入れることから、子どもが育つ環境を変えようと動き始めたのが〝弁当の日〟だ。

５年生が初めて作った弁当（滝宮小“弁当の日”４期生）。兄姉や先輩の影響を受けて、「５年生になるまでに」と思いつつ過ごした時間が有効に働いて、すばらしい弁当が並んだ。

力作弁当は卒業アルバムにも載る。記念撮影の準備中に県外からPTA視察団がきて「すごい、手作り！」「負けた！」というひそやかな声が聞こえてくる。それが子どもには誇らしい。

3

全国の学校に広がる「子どもが作る〝弁当の日〟」

〝弁当の日〟と聞くと、「給食制度が整っている学校で給食が提供されない日」や「その弁当は親（家族）が作って持たせる」と連想する人がとても多い。

いま全国の学校に広がっているのは「子どもが作る〝弁当の日〟」。献立から買い出し、調理、弁当箱詰め、片付けまで子どもだけで行う。念押しに「親は手伝わないで」と学校側から訴えている。

幼稚園、小学校、中学校、高校、大学で多様に実践されており、全学年で取り組んでいる小学校があれば、5、6年生だけの学校もある。一つのクラスだけの高校、有志のグループだけという大学も。また、市町の管内すべての小・中学校で実施されているケースもある。

私がこだわっているのは「子どもだけで作る」という目標をはっきりと持っていること。回数を重ねるごとに、その方向に歩んでいることである。つまり、はじめのうちは親が手伝うことはあり得るが、繰り返しても「親離れ」「子離れ」が一向に進まないのでは〝弁当の日〟実践校とは言い難い。

また、給食を提供しないのだから〝弁当の日〟を実施した回数分、給食費を払い戻すのが原則だ。給食費未納者問題をカムフラージュしたり先送りしたりするような〝弁当の日〟は問題外だ。

当初から「〝弁当の日〟で日本を変える」と豪語し、実践本『〝弁当の日〟がやってきた』（自然食通信社）を出版したときの手作りチラシには「地方の一小学校長が全国に対してどこまでできるかという挑戦です」とも書いた。

２００１年にスタートした〝弁当の日〟の実践校は11年目を迎え46都道府県８００校近くになった。講演会場に集まる大人たちや子どもたちを見て、つくづく手ごたえを感じている。〝弁当の日〟は閉塞《へいそく》的な教育界で、一筋の光明になっていると。

4 三つのきまり

子どもが育ちやすい環境をつくりたいと願って、私が思いついた〝弁当の日〟には三つのきまりがあった。

一つ目は子どもだけで作ること。献立、買い出し、調理、弁当箱詰め、片付けのすべてを子どもだけにさせる。PTA総会で「親は手伝わないでください」とお願いした。「そんなことできるはずがない」と多くの親が思う。私は「やらせていないだけ」と思っている。はじめからうまくできるはずがない。でも、子どもには失敗をする権利がある（実は大人も同じなのだが）。

「親は手伝わないで」と訴えるのは、「手伝ってください」と学校側が言うと、子どもが自立する場面が減るからだ。このきまりは「反対するであろう保護者への対策」と言われることがあるが、子どもが失敗しながら成長していく体験を持たせるためのきまりだ。結

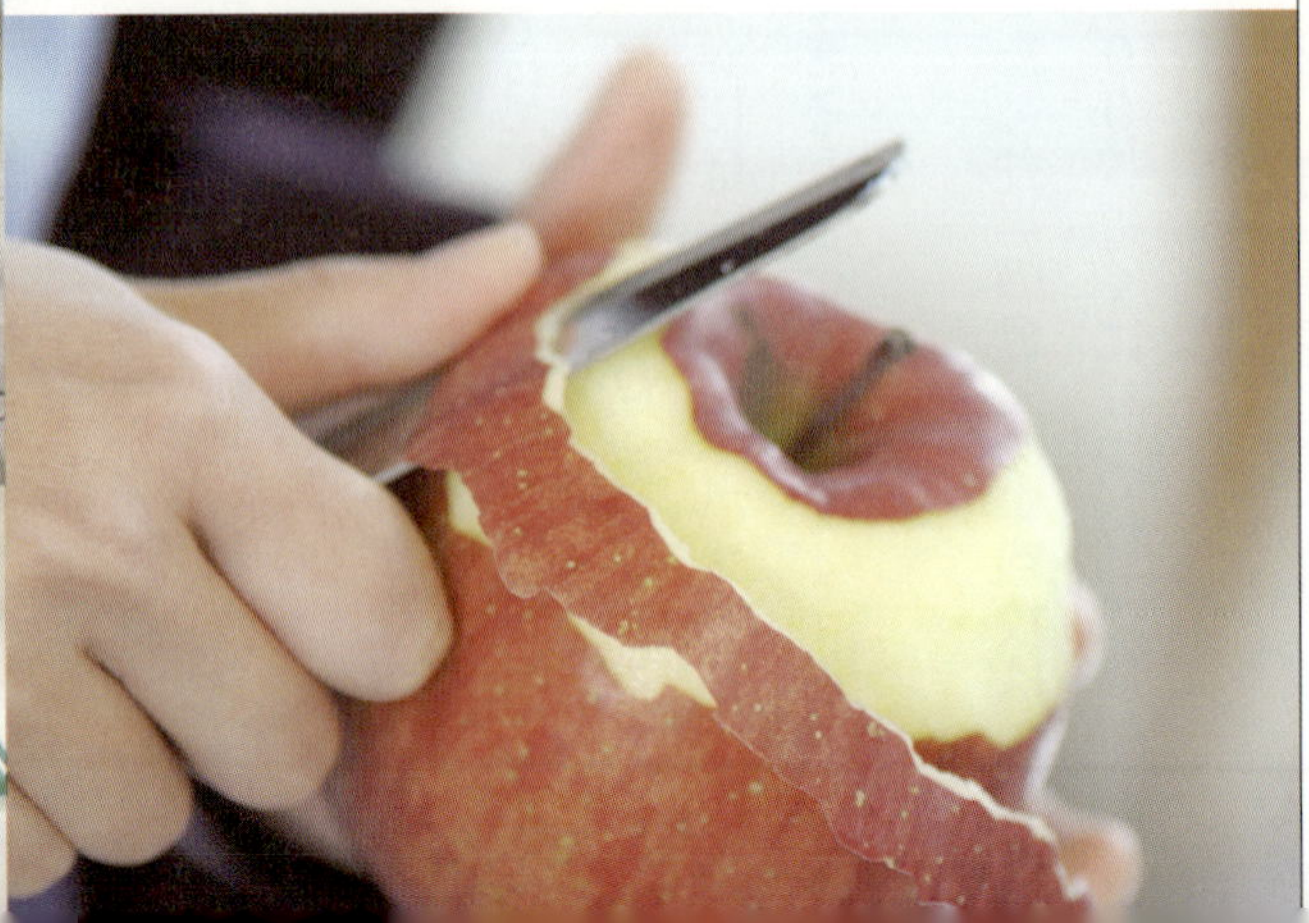

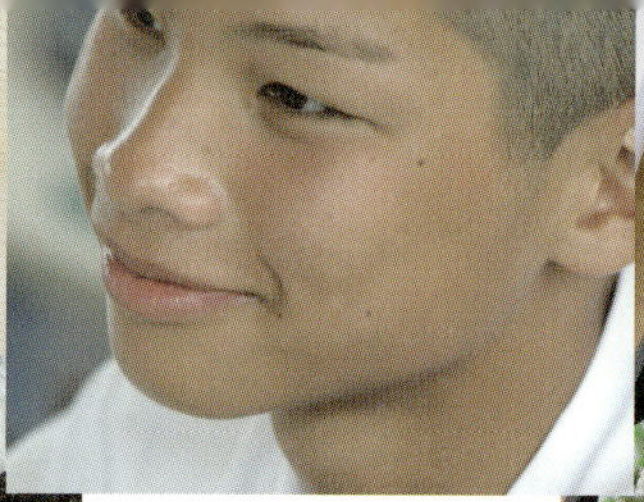

果的には多くの親が「信じてまかせれば、子どもは少しずつだができるようになる」ということを学んだ。

二つ目は「5、6年生だけ」。保護者には「家庭科の授業を1学期に前倒しして、弁当作りに必要な基礎的知識と技術は学校が責任を持って教えます。ご家庭で教える必要は一切ありません」と説明した。

家庭科の授業は5年生からスタートする。舌の味覚が発達するのは3～9歳といわれている。5年生は11歳だからもう少し早くから〝弁当の日〟を始めたいという気持ちもあったが、包丁による指の切断やガスこんろによる火災という事故は絶対避けたいから、高学年からのスタートはやむを得なかった。

三つ目は、実施は10月から翌年2月までの第3金曜日。つまり5回繰り返すことになる。この反復が大きな効果を生む。子どもたちは〝弁当の日〟にだけ成長するのではない。むしろ次回に向けての1カ月間に成長するのだ。

5、6年生は下の学年の子の給食を配膳するためにランチルームにやってくる。もちろん、自分が食べるのは給食ではなく、自慢の手作り弁当。

5 給食の向こう側

香川県の滝宮小学校で〝弁当の日〟がスタートしたのは2001年10月18日のこと。この日を〝弁当の日〟の誕生日とすると、胎内に宿ったのは8カ月前の2月初めだ。

綾南町《りょうなんちょう》（現・綾川町）の学校給食理事会に出席していた私は町長、町議会議長、教育長を含めた方々の学校給食に込める想《おも》いの強さに感動した。

すでに、全国的に学校給食の調理は自校方式からセンター方式に切り替えられる時代になっていた。センター方式は管内の学校に均一の給食を提供できること、最新の調理器具で衛生的に2千食以上の給食が少人数でできることなど、効率的である。それはできた給食を各学校に配送する経費を含めても、町財政にとって経費削減という大きな貢献をもたらす。

しかし、綾南町のトップは学校ごとの調理場でできた給食を子どもたちに食べさせることにこだわってい

給食をおいしくなさそうに食べている子がいたことが“弁当の日”をスタートしたきっかけになった。滝宮小学校で給食の残食が減ったのは“弁当の日”のおかげかもしれない。

た。そのためには学校ごとに調理場と調理器具と調理員が必要になる。当然、経費はかかるが町内統一献立・食材共同購入で自校方式を維持しようとしていた。

長引く協議の中で、そのための苦労や給食が出来上がるまでの工夫や大変さも知った。でも、その給食を食べる子どもたちが気づいていない。滝宮小のランチルームで、給食を食べる時刻がきてもおいしくなさそうに食べている子どもの顔が私の脳裏に浮かんだ。いや正直に言うと、私自身もそのときまで「給食の向こう側」を深く考えたことがなかった。

「給食の向こう側」が見える子どもを育てたい。「向こう側」とは二つの感謝だった。一つは食材の命に、もう一つは給食を作った人たちへの感謝だ。「いただきます」「ごちそうさま」はこの二つへの感謝の気持ちを表している。

子どもたちに分からせるには体験させるに限る。学校給食理事会の最中に思いついたのが子どもだけで作る〝弁当の日〟だった。

6

「子どもという生き物」

私は少年期の子どもを「子どもという生き物」と表現することがある。彼らは大人の縮小版ではない。彼らの素晴らしさは「見通しのない楽天的な好奇心」に集約される。つまり、体験して、失敗して、学んでいくようにできている。この好奇心こそが、たくましく生き抜く原動力だ。子どもの好奇心を奪ったり封印したりしてはいけない。

「三つ子の魂百まで」とは乳幼児期の子育ての大切さを言っている。先人が経験から学んだ知恵だ。シュタイナーは「7歳までは模範と模倣の時代」と言っている。五官をフル回転させて、自分を取り巻く人すべての言動をお手本としてまねし、習得しようとしている。幼子にはお手本を選択する能力も発想もない。だから大人は、子どもにしてほしいことをして見せるに限る。まねされては困ることは見せないことだ。

また幼子を台所に立たせるにしても、知識も経験も

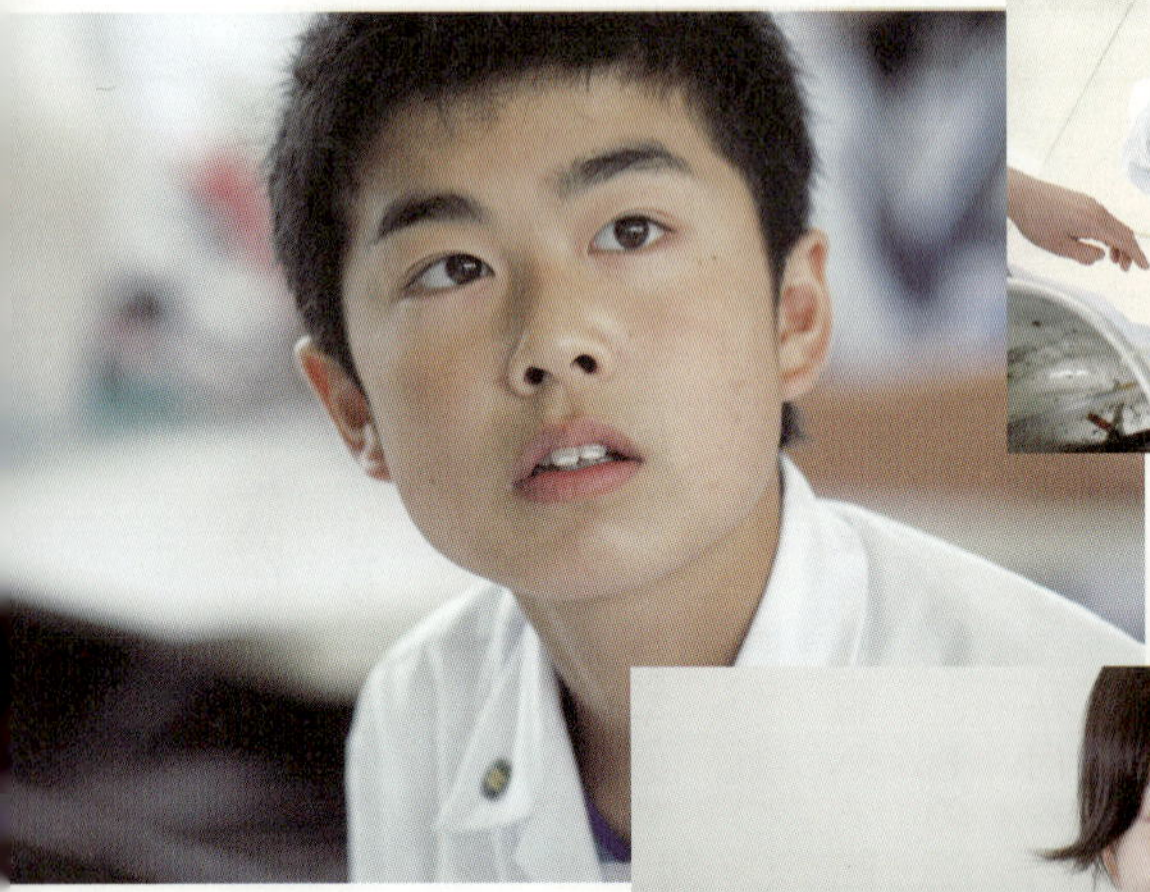

卒業が近づくと6年生はお世話になった先生たちをもてなすために食事会を開催する。サンドイッチの中に子どもらの「命」（寿命、時間）が和《あ》えられていく。

器用さも筋力もない時期に大人と同じことをいきなりさせるのはよくない。乳児の首がすわる、寝がえりをうつ、ハイハイをする、つかまり立ちをするといった長期間の成長の段階すべてが二足歩行の基礎になっているように、子どもは成長するために必要な事柄を、それぞれの適切な時期に経験し習得する権利がある。

子どもの将来のための「幼児教育」「早期教育」が、勉強、スポーツ、音楽等の分野で盛んになってきた。「勝ち組」になるためのスタートラインが幼児期になりつつある。その方法で「勝ち組」になった事例がマスコミで報道されるから、子どもの幸せを願う親は焦燥感にかられる。

「受験戦争」は私たち団塊の世代から言われ始めたが、それは大学受験の代名詞だった。今は幼児期から「お受験」「おけいこ」に明け暮れている子がいる。

少年期までは能力の開発以上に、人間としての基礎づくりこそが大切なのに。その基盤に食があり、肉体がある。

三つの時間

私は子どもが健やかに成長するためには、成長に合わせて「くらしの時間」「あそびの時間」「まなびの時間」をバランスよく過ごすことが大切だと思っている。

「くらしの時間」とは家族と共に過ごす衣食住に関わる時間。家庭がその中心だ。人格形成上、極めて基礎的な力になる「見る、聞く、かぐ、味わう、触る」、そして「話す能力」は誕生後に、日々のくらしの中で急速に獲得されていく。それは家族の絆を子どもの心に刷り込んでいる時間だ。たっぷりと愛されることで、心の基地になる。

「あそびの時間」は異なる年齢層の子どもたちが群れになって屋外であそぶ時間だ。自分の住む地域が活動の中心だ。コミュニケーション能力が育まれる場面で、いつも大人が管理していると社会性は育ちにくくなる。

ケンカもケガも成長過程には必要で、経験して仲間の中に居場所をつくる力がつく。豊かな「くらしの時間」

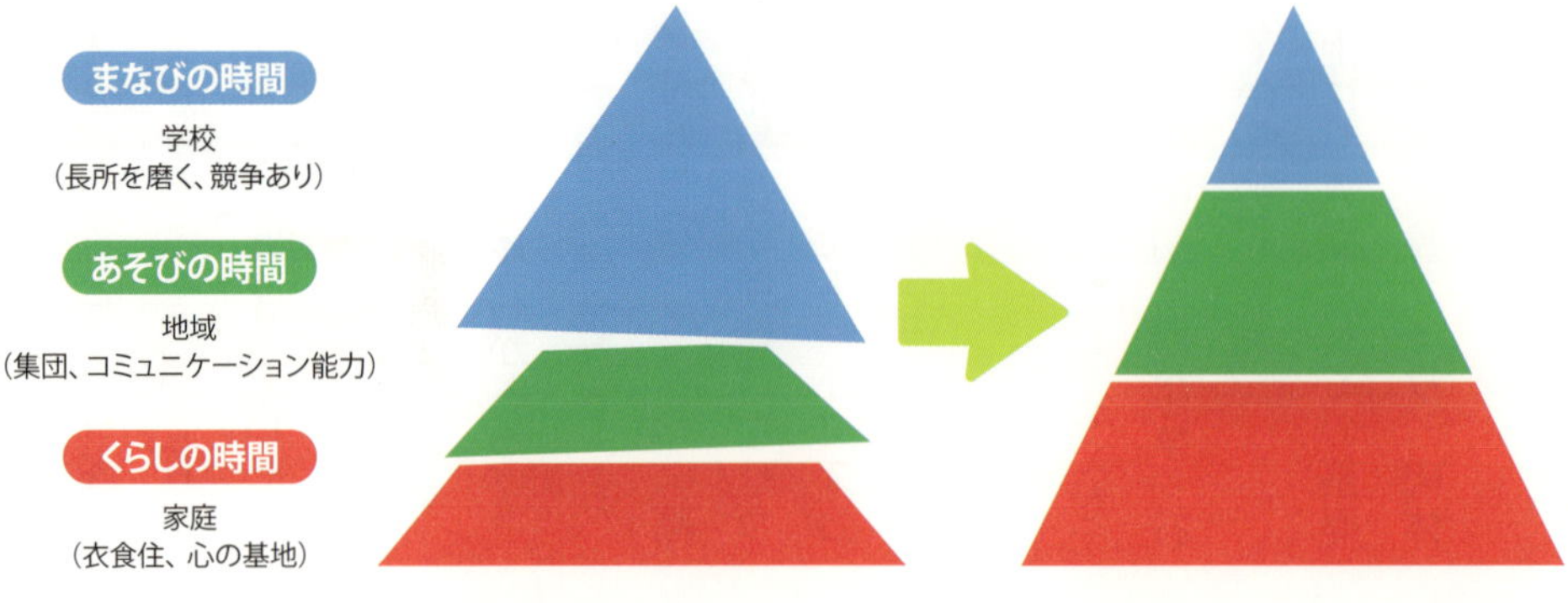

まなびの時間
学校
（長所を磨く、競争あり）
あそびの時間
地域
（集団、コミュニケーション能力）
くらしの時間
家庭
（衣食住、心の基地）

「まなびの時間」が
肥大しすぎている

「くらしの時間」と「あそびの時間」を
豊かにしたい

を過ごしていない子どもは友だちへの気配りができない傾向があると、これまでの教師経験から感じている。

「まなびの時間」は勉強やスポーツや芸術等で自分の長所を見つけ、それを社会に貢献できるよう磨く時間だ。学校、塾、スポーツクラブ、お稽古ごとが中心になる。この時間は競争、勝敗、評価がつきまといストレスが多く疲れる。それを癒やしたり解消したりしてくれるのが「くらしの時間」や「あそびの時間」だ。

この三つの時間は3層構造をなしているが、今の子どもたちが育つ環境は「くらしの時間」と「あそびの時間」が質、量ともに低下し、「まなびの時間」が肥大しすぎている。それが学校や放課後、子ども間の小さなトラブルが大きくこじれる原因と考えている。

〝弁当の日〟に取り組むうちに、子どもたちの「くらしの時間」と「あそびの時間」が豊かになってきた。

8

繰り返して育つ

1回目の〝弁当の日〟に子どもたちが提げてきた弁当の多くは親の手によるものだ（p.12で「自分で作った」弁当、と表記したのはその意味）。子どもにたずねなくても、表情からそれとなくうかがい知ることができる。「買い出しでレタスとキャベツを間違えた」「米をといでいて米粒を流した」「卵焼きが巻けなくてい り卵になった」などの失敗談に教室は盛りあがっている。それは失敗談というより体験談の意味合いが強い。

友だちの失敗談を聞いているまわりの子の中で「この子は自分で買い出しに行ったんだ」「自分でごはんを炊いたんだ」「レトルトじゃないんだ」と感じた子が「2回目は自分でやってみよう」と思う。「子どもという生き物」はそういうふうにできている。

2回目の〝弁当の日〟。「全部」という言葉を使って自分の弁当を自慢する子が出てくる。3回目にはもっと「全部」が増える。

〝弁当の日〟の1期生は二十歳になった。彼らが正直

に私に語ってくれた。

「最初から全部作っていた子はいなかったかな。でも校長先生、5回目はほとんどの子が自分で作っていたと思いますよ」

もう一度、繰り返す。子どもという生き物はそういうふうにできている。

〝弁当の日〟についてのアンケートで、親は「何よりも親子、家族の会話が増えました」と反応した。子どもは「いつも食事を作ってくれている親に感謝したい。好き嫌いを言えなくなった」と言った。

友だち同士で弁当を見せ合ったり、食べ比べたりしながら、学び合い、助け合い、ほめ合って子どもは成長していった。

子どもたちの「くらしの時間」と「あそびの時間」が〝弁当の日〟を通して少しずつ豊かになっていった。

〝弁当の日〟が繰り返されると分かっているから、「よし、この次は…」と課題意識をもつ。次回までのインターバルで子どもは台所に立ち、成長する。繰り返しながら、子どもは大人への階段を上がっているのだ。

9 全国に広げるために

綾南町（現・綾川町）学校給食理事会で〝弁当の日〟を思いついた私は、そのときからこの実践を全国に広げることを考えていた。それは「朝の読書運動」のことが頭にあったからだ。

全国紙のコラムに紹介されたその運動は「毎朝10分間、全校生徒に好きな本を読ませ、感想文を書かせない」というルールで広がり、全国で児童・生徒の読書時間を増やしていた。

背筋の凍るような、17歳の少年たちの事件が連鎖的に発生していた時期だった。加害者を育てないための実践を全国規模で展開する必要を痛切に感じていた。

〝弁当の日〟のたびに新聞社やテレビ局に「取材にきませんか」というはがきを出した。県庁記者クラブにファクスを送った。マスコミには社会をよくする使命があるはず。それなら、いい情報は学校側から積極的にマスコミに発信すべきだ。そんな想《おも》いがあった。

最初の2年間に11回の〝弁当の日〟を実施したが、

綾上中の“弁当の日”にはテレビ局が何度も取材にきた。カメラの前の先生や生徒はもちろんのこと、取材スタッフにも笑顔がいっぱいだった。

「してほしいことをしてみせる」。校長室で弁当の「見せっこ」の楽しさを身につけた担任が教室で生徒を喜ばせた。田岡先生の「特大3合おにぎり1個弁当」は大爆笑だった。

マスコミ取材は8件だったと思う。それも単発の事実報道に終わった。

3年目、私は国分寺中に異動していたが、滝宮小校長の協力を得て「地域に根ざした食育コンクール」に応募した。『〝弁当の日〟がやってきた』（自然食通信社）を出版したタイミングだった。最優秀の農林水産大臣賞を受賞すると、こちらが情報発信しなくても1年間で130件を超える報道があった。

「ごはんと笑顔フォトコンテスト」にも応募し、自作弁当を囲んだ子どもたちの写真で最優秀賞をもらった。その写真は大きく関東圏の夕刊に掲載された。そして現職校長の立場で、土日を中心に全国で積極的に講演してきた。しかしそれでも〝弁当の日〟は広がらなかった。スタートして5年が過ぎていた。

2冊目の実践本『台所に立つ子どもたち』（同）の原稿を書いていたころ、転機が西から訪れた。

10

仲間が広げた実践

2009年10月25日。全国から集まった“弁当の日”の仲間たち70人による綾上中視察。「百聞は一見にしかず」である。そして応援団の連帯感が強まった。

九州の新聞社が、1面の連載特集記事に〝弁当の日〟を取り上げてくれたのだ。連載中にシンポジウムが、連載後にセミナーが開かれた。そして単発報道に終わらず、たたみかけるような見開き2ページを埋める記事によって〝弁当の日〟の実践校が福岡県で急増し始めた。〝弁当の日〟を広げようとする仲間たちが冗談めかして「〝弁当の日〟の発祥の地は福岡？」と言う状況になった。

目を見張る活動を始めたのが、九州大学の佐藤剛史《さとうごうし》先生と比良松道一《ひらまつみちかず》先生、西南女学院短期大学の池田博子《いけだひろこ》先生、助産師の内田美智子《うちだみちこ》さん、小学校教員の稲益義宏《いなますよしひろ》先生、福田泰三《ふくだたいぞう》先生だった。ユニークで精力的な実践・広報活動をする仲間たちは、少しずつだが確実にそのネットワークを広げていった。＊

〝弁当の日〟の実践校になるまでの過程も実に多様だった。最初の提案者は、学内と学外で分けられる。

2007年4月21日。小学生の“弁当の日”に刺激を受けた九州の三つの大学の学生が合同で“弁当の日”を実施。食の大切さに目覚めた大学生たちの笑顔に先生たちも喜んだ。

学内は校長、教頭、学級担任、家庭科教員、養護教諭、栄養士、生徒会、そしてたった一人の生徒。学外は市町村長、教育長、地方議会議員、PTA会長や会員などだ。

やがて、管内の小・中学校すべてが実践校になる市や町が出始めた。〝弁当の日〟の実践校にするためにグループがつくられた都道府県もある。その中心は子育て中の親であることが多い。

実践校が増えるたびに〝弁当の日〟を通して成長する子どもや親たちのうれしい情報が、全国から私に届き始めた。「うれしい話」「笑える話」「泣ける話」。それは仲間たちの共有財産になった。

〝弁当の日〟の仲間たちに共通している姿勢がある。それは「できない理由を並べて行動しないのではなく、できることを考えて行動する」ことだ。そんな仲間たちがここまで広げてくれた。そして、今も広がっている。

＊最新情報は「ひろがれ弁当の日」サイトに http://www.bentounohi.com/

11

先生、弁当は一人じゃ作れない

「先生！ ぼく、たった一人で弁当を作れるようになりました。献立、買い出し、調理、弁当箱詰め、片付け、その全部を自分一人でしたんです」。小学生が弁当を見せて話し始めた。

「そんで気がついたことがあります。ぼく、お米を作っていません。野菜を作っていません。作ってくれた農家の人がいるんです。このサケ、海で捕っていません。捕ってくれた漁師さんがいるんです。漁師さんが乗った船を造った人がいるんです。捕ったサケを運んだトラックの運転手がいるんです。そのトラックを造った人がいるんです。そのトラックが走った道や橋を造った人がいるんです。ぼく、台所でフライパンや鍋を使いました。それを作ってくれた人がいるんです。台所でガスや電気を使いました。ガスや電気をうちの家まで届けてくれた人がいるんです」

私は小躍りしたい気分で話を聞いている。

「そのたくさんの人たちの誰一人、ぼくは知りません。名前も顔も知りません。会ったことも話したこともありません。でも、その人たちのおかげで、ぼくはたった一人で、台所で弁当を作ることができたんです」

「だから、ぼくは一人で弁当を作ったんじゃないんです。この弁当箱の向こう側に、たくさんの人たちが働いてくれているんです。その人たちに感謝したい」

私は、2年間で11回の弁当作りに取り組んだ滝宮小の子どもたちが卒業するとき、卒業文集に「弁当を作る」という詩を寄稿した（p.109参照）。その中にこんな一行がある。「食材が弁当箱に納まるまでの道のりに、たくさんの働く人を思い描けた人は、想像力のある人です」

「弁当箱の向こう側」が想像できる力を身につけた大人になってほしいと強く願っていたからだ。大切なことは教えるのでなく、体験から気づかせたい。

12

命を和《あ》える

〃弁当の日〃を始めてしばらくして、佐藤《さとう》初女《はつめ》さんの講演を香川県で初めて拝聴した。青森県で人々の悩みに耳を傾ける山荘「森のイスキア」を主宰され、80歳を超えてなお全国で講演活動をされている方だった。

その山荘には全国から心を病んだ人が訪れていた。来訪者が語る悲しみや苦しみに耳を傾けながら、佐藤さんは「この方に何を召し上がっていただこうか」と考えているそうだ。

そんな感動的な講演の中で佐藤さんは「料理とは食材の命を奪うこと、食材の命を生かすこと」と話された。食材の命が食べる人の命を支えていることをうまく表現していると思った。

私はそれに添えて、「料理とは食材の命に自分の命を和《あ》えること」と言っている。

寿命とは生きている間の時間のことだ。私が食べる弁当を作るために母が1時間を費やしたとしたら、母

は弁当の中に1時間分の自分の寿命を食材の中に和えたことになるのだ。だから弁当を食べるとき、食材の命と母の命に「いただきます」とお礼を言うのだ。

子どもが弁当のために作った卵焼きやカラアゲが、すべて自分の弁当箱に納まるわけではない。家族の朝食になったり、お父さんやお母さんが職場に持っていく弁当になったりすることもある。

わが子が作った弁当を受け取る親の多くがうれし涙を流す。子どもの成長がうれしいからだ。決して食べ残すことはない。わが子の命が和えてある弁当なのだから。

自分が作った弁当を、うれし涙を流しながら食べてくれた親を見た子どもは親に感謝の気持ちを抱く。自分の命が親世代からいただいたものであることを痛感する。だから「親が悲しむような勝手な行動をしてはいけない」と思う。それが家族の絆だ。料理とは「命のバトンリレー」なのだ。

13 三つの感謝弁当

生まれて初めての挑戦で、いきなり三つの弁当を作った小学5年生の女の子がいる。タイトルは「感謝弁当」。

一つは、単身赴任先から週末に帰省していたお父さんが月曜日の朝、新幹線の中で食べる朝ごはん用。もう一つは、幼いころ台所仕事をよくしてくれた入院中のおばあちゃん用。もう一つは学校で自分が食べる弁当。

5時に起床して台所で、三つの弁当と家族の朝ごはんをたった一人で作る娘さんを、お父さんとお母さんも一緒に起きて台所の食卓について見守っていた。涙を流しながら。

お父さんは娘さんから受け取るときに泣き、新幹線の車中で食べながら泣き、昼休みに「おいしかったと言っていたと伝えてくれ」とお母さんに電話しながら泣いた。聞いているお母さんも泣いた。

病院でお母さんから弁当を受け取ったおばあちゃんは「私は嫁いできて今までにどれだけたくさんの弁当を作ったか知れない。でも作ってもらったのはこれが初めて。それを孫娘が作ってくれた。おいしい」とやっぱり泣いたのです。

三つ目の弁当を学校で食べて帰ってきた女の子は、お父さんとおばあちゃんの話をしながら涙ぐむ母親を見た。

女の子の心に一生の宝が渡された。それは自分の成長を喜んでくれた3人の大人の涙だ。「自分は深く愛されている」ことを教えてくれた涙だ。

私はこのエピソードを聞いて以来、意識的に「おふくろの味」のおかずを卒寿が近い母親のために作り始めた。運動会や遠足のときに必ず作ってくれたいなり寿司《ずし》、巻き寿司も作った。母親が生きているうちに親孝行ができる幸せを教えてくれたのが、この女の子だった。

最近はこの子のお父さんも台所に立ち始めたらしい。「負うた子に教えられ」である。私たちも成長する大人の姿を子どもたちに見せたいものだ。

14 ピーマン嫌い

「弁当作りは楽しいけれど早起きがつらい」と思った子が、いい方法を思いついた。「6人でグループをつくろう。1品持ち寄り形式」

弁当作りをしてきた子どもたちにはこの方式のすばらしさがすぐ分かった。「弁当に入れる6種類の料理を作るのは手間がかかるが、1種類を6人前作るのは簡単だ。材料も、いろいろ買わなくていい。しかも友だちが作った料理を5種類も楽しめる」

「どうせならテーマを決めよう。テーマは中華。俺はギョーザを作ってくる」「じゃー私はカラアゲ」「私は中華風サラダ」…。

「チャーハンを作る」と言った女の子に「俺、ピーマン嫌いやから」と男の子が注文をつけた。そのとき女の子は思った。「この子に『ピーマンが入っているけどおいしいな』と言わせたい」

女の子は大変な努力をしてピーマン入りのチャーハンを作ってきたが、その男の子は弁当箱のふたが開いたとたん「ピーマン臭い！」と配慮のない言葉を吐いた。泣くのをこらえていた女の子が放課後に感想文を書いた。

「あの子に喜んでもらうことだけを考えて努力したのに『臭い』と言われた。ずうっと『つらい』と思い続けているうちに、私もお母さんが作ってくれたおかずを『おいしくない』と言ったことがあるのを思い出した。しかも今までに何度も言ってきた。そのたび、お母さんはつらかったんだ。ごめんなさい。これから『おいしくない』とは二度と言わないことにしました」

〝弁当の日〟は「子育ての過程で、食事を作る側の体験をさせてください」というメッセージだ。食べる側だけで育った子どもは感謝の気持ちが育つ場面が少ない。〝弁当の日〟の実践校によると、子どもの感想のトップは「いつも食事を作ってくれている親に感謝したい」だった。

15

仕返し弁当

〝弁当の日〟の総仕上げは「誰かに食べてもらいたい弁当」というテーマで作らせることにしている。プレゼントの相手を決め、食べたいごはんやおかずを聞いて作る練習をして、当日は一つをプレゼントし、もう一つを学校に持参する。誰かに喜んでもらうために行動する体験を持たせるためだ。

中学3年生の女の子が、お母さんにプレゼントしたという弁当を持って登校してきた。すべてのおかず、ごはんまで冷凍食品だった。「私は今日までお母さんの手料理を食べたことが一度もない。だから『仕返し弁当』です」

私は後日、体育館で全校生徒に話した。「仕返しの仕方を間違えています。その方法では、いつか仕返し弁当を受け取る側になります。手料理の弁当をプレゼントしてほしいのです。そうすれば、いつか手料理を作ってくれるようになるかもしれないのです」

「それと、『手料理を作ってくれない』と親に文句を

言うのをやめなさい。あなたたちの親の世代は、台所に立つことより勉強や部活動を優先した教育を家庭や学校で受けてきています。中学校までの家庭科の授業だけでは手軽に料理ができるようにはなりません。料理がほとんどできなくて普通の親なのです」

「だから教科書にもない〝弁当の日〟に本校は取り組んでいるのです。してほしいことをしてあげる人になってほしいのです。先生たちは、この3年間であなたたちに一生の宝を渡したいと思っているのです。真剣に弁当作りをしなさい」

子どもに朝ごはんを食べさせない、手料理ができない親（特に母親）を「親として失格者」のようにいう風潮がある。でも「家事より勉強」と幼少期からずっと育てられてきたのに親になったとたん「家事もできない」と批判されるのでは理不尽だろうと思う。

生物学的にいえば人間の味覚の発達には3～9歳という臨界期がある。それは「教え時」ということだ。

16

かわいそうな子はいない

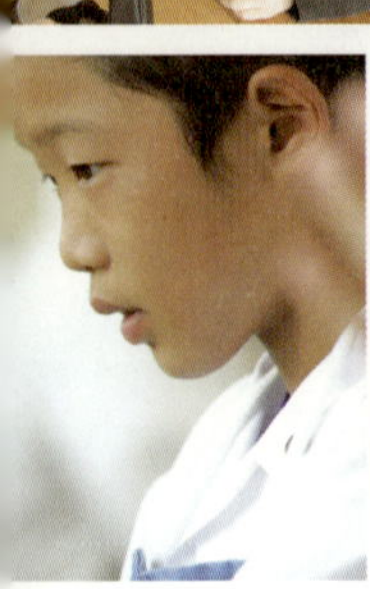

「〝弁当の日〟はいい実践だとは思うが、子どもたちの家庭環境の差は大きい。給食を食べさせるのが教育的配慮だ」という意見がある。教室の中で「かわいそうな子」が見えない方がいいと言っている。

　しかし、それは「かわいそうな子はかわいそうなままでいなさい。その状況はそっと守ってあげるから。学校に『かわいそう』を持ってこないでね」ということではないか、と私は主張してきた。

　給食は年間で１８０回前後。１日３食として年間で１０９５回。つまり給食は年間の食事回数の６分の１。しかし、年間で３～５回程度の〝弁当の日〟に簡単なおかずとごはんの弁当を持ってくることさえできない子どもたちが、残りの９００回余りを普通に食べているとは考えにくい。

　米、みそ、野菜、卵などで簡単に食事を作る技術を身につければ、コンビニのおにぎりや弁当、カップ麺、スナック菓子、ペットボトルのお茶、缶ジュースより安価で健康な食生活ができる。

　私は「かわいそうな子はいない」と叫んでいる。「お母さんは命がけで産んでくれた。育ててくれた人がいたから、今、生きていられる。そして楽しい子育てができる未来が開けている。クラスや学校の中で『かわいそうな子』をつくるな。そのために自分にできることはないか、考えなさい」と生徒に訴えてきた。

「私はかわいそうな子じゃない」と思って生きていくことで、日々のくらしをよくしていける子どもたちが、全国にたくさんいると思っている。親と教師と地域の大人たちが「あなたたちを育てるのは楽しい」と声高らかに叫んで手をつなげば、子どもたちも「あんな大人になって、自分も子育てをしたい」と思うようになるだろう。そして、これが最善の少子化対策だ。

〝弁当の日〟は子どもを育てる実践ではない。大人たちが成長することで、子どもたちが健やかに育っていける社会をつくりませんか、という提案なのだ。

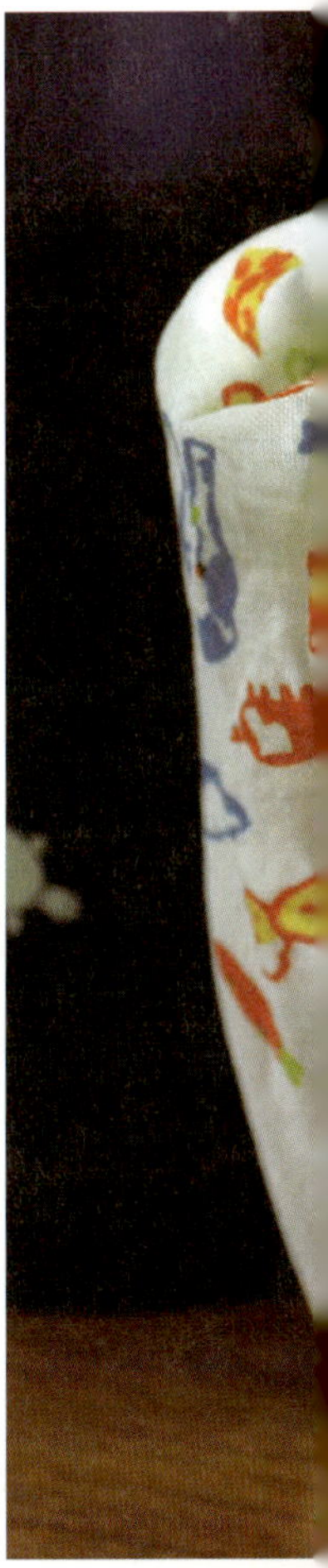

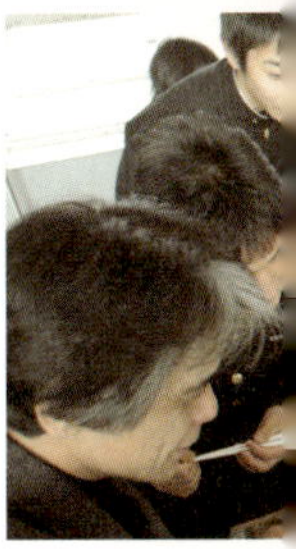

17

台所に立てる力

「校長先生。息子は親元を離れて高校に通うことになります。でも、全く心配がありません。もう、一通りの食事を作れるようになりましたから」。国分寺中の卒業式のあとで、保護者が卒業生と一緒にあいさつにきてくださった。

「息子から電話がありました。『米とキャベツとジャガイモを送って』って。息子の話によると友だちは親元にカップ麺やスナック菓子を頼んでいるそうです。〝弁当の日〟のおかげです」。綾上中の卒業生の親が話してくださった。

「娘が県外の大学に通うことになりました。『母さん、食事をどうしよう』と言ったので『小学校のとき弁当作っていたやないの』と言ったら『あっそうか。私、料理できる』と言いました。小学校で〝弁当の日〟を経験したけれど、中学高校の6年間、全く台所に立っていなかったのです。でも娘は台所に立てます！」。先日、家の近くで会った滝宮小の卒業生の親の話は、少年期に身についたことが消えていないことを物語っている。

「大学の帰りにスーパーで旬の食材を買って夕食と朝食は自分で作っています。楽しみながら簡単に作れます。でも大学の友だちと話していてびっくりします。彼らは料理のこと何も知りません。『なぜ料理ができるの』と聞かれるのです。〝弁当の日〟のおかげなんです」

滝宮小と国分寺中の〝弁当の日〟の1期生・2期生たちが二十歳を迎えている。成人式後に聞く話は私を喜ばせる。卒業生たちの体の中には、明らかに〝弁当の日〟が生きているからだ。

親になって、家族のために料理や弁当を作るか作らないかは、結局、優先順位の問題だと思っている。料理が好きで、あれこれと工夫をすることや「おいしい」と言ってもらえる楽しさを知っている親は、時間をやりくりしても作ってしまう。

毎日でなくていい。「手料理しよう」と思い立ったとき台所に立てる力を〝弁当の日〟は育むのだ。

春菜寄せおひたし
グリーンピースご飯
ご飯
450kcal
塩分1.5g

delicious

2011年4月、宮崎市でのシンポジウム会場にてインタビューに答える筆者。

ある手紙から

竹下和男

「〝弁当の日〟を実施したら、弁当を作れない子、持ってこられない子が欠席した。心配していた通りのことが起きた。だから〝弁当の日〟は実施したくなかった。あなたが実践した学校ではどのような対応をしたのですか。教えてほしい」

　こんな意味合いの手紙をいただくことがある。「その解決方法は自分で考えてください」が私の答えです。

　学級担任なら、事前に実態把握の手立てを打っておくことが大切です。弁当を作れない子、持ってこられない子のために自分にできることを考え、行動すべきです。〝弁当の日〟当日に、初めてその子どもの家庭の事情が分かったのなら2回目までにできることは何かを考え行動することです。あなたのその状況をそのままにしておかないという姿勢を明確に伝えることです。それが、必ず今までとは違う信頼関係を生み出すと思います。「かわいそうなことをさせてしまった」だけでは改善は図れません。「失敗から学ぶ」という姿勢を大切にしたいのです。

給食を食べていれば決して表面化することがなかった、給食以外の食事の悲惨な実態を子ども自らの手で解決していける力を、学校教育でできると考えて始めた〝弁当の日〟なのです。〝弁当の日〟に欠席したという事実は、その子が社会（親や教師、地域の大人たち、そして仲間たち）に突きつけた強烈なメッセージなのです。

その事実にどう反応するのか、答えを待っているのです。この問題に真摯《しんし》に向き合う教師集団が児童・生徒からの信望を、そして保護者からの信頼を得られるのです。だから〝弁当の日〟は教師集団にも問いかけてきているのです。「子どもたちの今と未来を本気で考えていますか」と。

運動会の昼休みにやってきて菓子パンとジュースが入ったビニール袋を渡して帰っていく母親を見送る生徒の情けない顔、夕食も朝食も食べずに登校してきた子どものいらだちの顔、コンビニ弁当と外食に明け暮れて心の空腹感を訴える生徒の顔を見てきました。

「親が一度も手料理を食べさせてくれたことがないから」と、冷凍食品１００％の「仕返し弁当」を母親に渡した生徒や、「もう一回、勇気を出してお母さんに『ぼくが食べるごはんを作って』と言います」と言った子どもへの私の答えは「あなたがしてほしいことをしてあげなさい」なのです。

私の講演を聞いた親たちが男女を問わず台所に立ち始めたようです。幼い子どもと台所に立ち始めた楽しさを、感想文で伝えてくれることが多くなりました。料理をしなかった親も「子どもがこんなに喜ぶなんて」とうれしそうに料理の楽しさを語るのです。自分は親から教えてもらわなかったけれど、私は子どもに教えたいと。

〝弁当の日〟の広がりが、家族のために食事を作る楽しさを子どもに伝えたいという大人たちの大集団を形成しつつあります。それはきっと子どもたちの明るく豊かな未来につながる現象だと信じています。

〝弁当の日〟がもたらすもの

〝弁当の日〟を始めた全国の学校・家庭では、これからの社会を支える子どもたちが、先生、家族、地域社会を巻き込みながら、笑顔で楽しく、ときには涙を誘うほどけなげにたくましく、育っていっています。ここでは、〝弁当の日〟がもたらすものを、さまざまなキーワードに沿ってご紹介します。

竹下和男

自立心

落ち着き

自分が食べるものは親が提供してくれるものと子どもは思っています。その心は授乳期に形成されています。その根強い思い込みをうまく取り除いてやらないと自立はできません。ハイハイを始めた赤ん坊は、つかめるものを次々と口に運びます。これは自立へのステップです。〝弁当の日〟を経験した子どもたちの顔つきを「落ち着いてきた」と表現する親がいます。たった一つの弁当作りかもしれませんが、「親と同じことができた」という自信が顔つきを変えるのです。自分にもできる！という経験が自立心を育てていくのです。

達成感

子どもの笑顔

「今夜のみそ汁、一人で作ってくれる？」とお願いしたとき、6歳の息子は少し戸惑っていました。でも「うん」とうなずいて真剣に台所にたちました。今まで、だしのとり方、具材の切り方、みそのこし方など、部分の仕事はなんども手伝わせてきました。戸惑っていたとき、頭の中でそのおさらいをしていたのでしょう。初めて、たった一人で作ったみそ汁をお盆にのせて運んでいたときの息子の笑顔を、私は一生忘れないでしょう。子どもが作る〝弁当の日〟の「親は手伝わないで！」は、この笑顔のためにあるのですね。

気づき

感謝

生まれて初めて、たった一人で自分の弁当を作って気がつきました。大変な時間と技術が必要なのです。こんな大変なことを親は僕のために毎日、10年以上も当たり前のようにしてくれていたのです。しかも「感謝しなさい！」なんて言われていないのです。びっくりです。だから、感謝！です。今まで何度も食べてきたのに、食べるだけでは決して気付かなかった感覚です。

弁当を作る側の経験をしたことが、物事を両面から見つめるきっかけになりました。〝弁当の日〟は家族や学校給食への感謝デーでもあります。

失敗する権利

自信

退屈したとき、娘は一人で卵焼きを作ることがあります。いつも、ほうれん草やにんじんや納豆を入れるなど、工夫のあとがうかがえます。はじめは卵をうまく割ることさえもできなかったのです。うまく巻けないときは、スクランブルエッグとかいり卵とかに変更していましたが、今は焦げ目にさえこだわりを見せます。大きく失敗する心配がないから、あれこれと工夫を加える試みが楽しいようです。この自信の背景に、繰り返された失敗があることが、今なら分かります。ほんとうに「子どもは失敗する権利がある」と思います。

家計

経済感覚

スーパーのレジで支払いをしたときに子どもはびっくりしていました。一個の弁当のための食材費で２０００円。給食は一食分の食材費が２３０円と学んでいましたから、大変な浪費だと思ったのでしょう。でも、キャベツだってマヨネーズだってウインナーソーセージだって、今日買ったものを使い切るわけじゃない。そして、作ったおかずの一部だけが弁当箱に収まり、ほかは家族みんなで食べるのです。家計をあずかるときがきたとき、必ず生きてくるはずです。給食のありがたさも痛感しました。

学力向上

成績　感性

〝弁当の日〟を経験することで学力がつく。これは嘘ではありません。でも、勘違いしないでください。英語テストの前夜に弁当作りをしても英語の成績は上がりません。〝弁当の日〟が育てるのは学力のもとになる感性や向上心や段取り力などです。生きた知識量を増やすには具体的な生活体験がとても大切なのです。それはバラバラな知識をつなぎ合わせ、離れにくくする機能を持っているからです。それと、学力をつけるために弁当を作ろう、なんて考えないこと。作ることや食べることは楽しい、という時間を過ごすことの方が大切なのです。

向上心

見せっこ

〝弁当の日〟に友だちと弁当を見せっこすることは、とっても刺激的です。昨日より成長した自分を見せていることになるからです。そして私も、昨日より成長している友だちを発見するのです。友だちの弁当をのぞき込んで「すごい！」と思ったときは、「私もここまで成長したい」と感じているときです。それは、私自身の「明日」なのです。でも、焦らなくていいのです。この心がある限り、私は今日よりも成長した明日に向かって、ゆっくりゆっくり歩んでいけばいいのです。

自己肯定感

僕は僕

僕は僕でいい。給食を食べていたときは一度も湧いてこなかった感覚です。メーンのおかずがハンバーグの子やサケの子や豚肉のしょうが焼きの子がいる。赤の彩りがミニトマトの子や赤ピーマンの子やイチゴの子がいる。炊き込みごはんの子やチャーハンの子やシソごはんの子がいる。おにぎりだって三角や俵型やボール型がある。弁当箱の形も色もサイズもまちまちだ。卵焼きも納豆やネギやニンジンが入っていて、みんな微妙に違うし、切り方や盛り付け方でまた目立ち具合が変化する。僕は僕でいい。他の子もそう感じているだろう。

台所で成長

忍耐力

「まだ寝返りが打てない」「まだハイハイができない」「まだ立って歩けない」…。子どもが幼かったころは、こんなことでイライラしたことがなかったのに、どうして「まだ名前が書けない」「まだ九九が言えない」「まだおむつがとれない」…、とイライラするようになったのだろう。こんな初歩的で基本的な能力は環境さえ整えてやれば、子どもの成長プログラムにしたがって身についていくものなのだと、台所で成長していくわが子の背中を見ながら考えていました。「耐え忍ぶ」より「成長を見つけて喜ぶ」ことにしたのです。

旬

季節感を知る

「今が旬、弁当」の課題を設けると、子どもたちは「旬」を意識するようになります。春のワラビやタケノコ、秋のイモやクリ。新米、新ジャガ、新タマネギ、新キャベツ…。「旬」のおいしさを知ると、旬のころには食べたくなってきます。彩りにモミジや菊の花を添えた弁当を持ってくる子もいます。食べ物だけでなく、視覚による季節感の演出も始めるのです。それは暮らしを豊かにする、実に簡単な方法です。「サンマの季節になったね」「今夜は鍋料理が食べたいね」なんていう子どもが出てくるのです。

調理技術向上

はじめは、リンゴの皮むき一周するのに10回は途切れた。皮をむいているというより、皮をけずっていると言った方が正しかった。今は違う。細く、長く、薄く、一本につながった皮むきができる。ジャガイモの凸凹も気にしなくなった。みそ汁を作るとき、鍋に入れる水の量を計らない。調味料も、適当に入れても大失敗することはない。味を確認しながら調節ができるからだ。料理本の通りに食材を準備しようとすると、少し足りなかったり、少し余ったりするから、自分で勝手にアレンジしている。

アレンジ

親から学ぶ

親子の会話

"弁当の日" 実施校でアンケートをとると、ほとんど同じ結果がでます。親は「親子の会話が増えた」、子どもは「親に感謝したい」が一番の反応です。子どもが成長するにしたがって、親は子どもの話題についていきにくくなり会話をする雰囲気もなくなっていきます。でも "弁当の日" は共通の話題で、共同作業の場面が必然的に生まれるのです。子どもにしてみれば、自立していない部分を減らしていくためにも親から学ぼうとするのですから、会話は多くなるのです。少年期、思春期の親子の会話は健全育成に大きな効果を生みます。

手作り

愛情

「愛情弁当」という言葉がありますが「手作り弁当」の方がいいです。弁当作りは、自分が食べるときも、誰かに食べてもらうときも、食べる人に喜んでもらおうと調理しているのですから、愛情は必ず入っているものです。こんな話をある母親から聞きました。

「息子は毎日、私が作った弁当を持って高校へ行きます。たまにおかずを残していることがありますが、それはいつもレトルト食品ばかりです。体調が悪くても私の手料理を残したことがないのです」。弁当にまつわる、似たような話が結構あるのです。

自分一人で

子どもを見守る

危なっかしい手つき、無駄の多い手順、見た目の完成度の低さ…。子どもの弁当作りを黙ってそばで見守るのは「忍の一字」だとつくづく思います。ところがそもそも、そんなチェックポイントを、子どもはまだ持ち合わせていないようです。卵焼きが「スクランブルエッグ」に変わっても、タコウインナーが「クモウインナー」になっても、いきいきとしています。「自分一人で作った」という満足感が、子どもを三ツ星レストランのシェフにしてしまうようです。だから、親は事故がないように見守っていればいいのです。

意図的に

家族団らん

同じ屋根の下で暮らすだけで家族の絆は生まれていると、多くの大人たちは勘違いしているようです。数十年前まで、仕事や学校から帰宅した家族は、一緒に手料理の夕食を食べました。個室はなく、1台のテレビに家族が見入りました。パソコンもゲームもケータイもありません。こんな家族団らんの時間こそが家族の絆を育んだのです。現代のように物質的に豊かになり、家族の生活リズムが多様になったら、団らんの時間は、毎日でなくていいから意図的に設けたいものです。手料理があると効果はさらに大きいのです。

涙

家族の絆

娘が生まれて初めて一人で作った弁当を受け取りながら、お父さんは泣きました。「会社に持っていってみんなに自慢する」と言いました。娘は照れくさそうに私を見つめてきました。いつも残業、残業で帰宅が遅いお父さんが、夕飯時に帰ってきたので、珍しく家族そろっての食卓になりました。話題は、「娘の弁当」を披露したときの会社の同僚の感想で持ちきりでした。こんなにおしゃべりなお父さんを初めて見た気がします。「この次はお母さんの弁当も作るからね」と言ってくれました。私も泣きそうになりました。

小遣い

手伝いをする

僕は、風呂を洗ったら20円、家族の靴磨きをしたら10円、洗濯物をたためば10円を小遣いにもらっているのに、どうしてお母さんは毎日僕の食事を作ってくれても、汚れたものを洗濯してくれても、僕に小遣いを請求してこないのだろう。それは、大人はわが子の世話をするのが当たり前で、大人の仕事を助けたからお礼の意味のお小遣いということなのかな。おじいちゃんやおばあちゃんの話を聞くと、子どものころ、とってもたくさん田畑や家事の手伝いをさせられたそうだけれど、小遣いはくれなかったらしい。どうしてかな？

郷土

地域とのつながり

「郷土料理の入った弁当を作ろう」というテーマだったから、友だちと一緒に産直市場に買い物に行ったら、「〝弁当の日〟の買い出しかい?」って、生産者のおじさんに声をかけられた。

子どもだけで野菜を買いに来るなんて〝弁当の日〟じゃなきゃ、ありえないか。調理のコツを教えてくれた上に、「〝弁当の日〟を応援しているよ」とサツマイモを1本サービスしてくれた。

そのおじさん、下校途中に通学路の横の畑でレタスを収穫していたからサツマイモのお礼を言ったら、レタスをくれた。今度、手作りクッキーをあげよう!

非行の減少

罪を犯した少年たちの部屋を捜索していて共通しているのが、コンビニ弁当やジャンクフードのゴミ、ペットボトル、カップ麺の容器、スナック菓子の空袋、吸い殻、コーヒーやビールの空き缶…。つまり、台所で作った朝食や夕食を家族と一緒に普通に食べていない証拠品のいろいろ。「食べ物は体をつくる。食べ方は心をつくる」という言葉があります。健康な体や思いやりや優しさが「食べ物」や「食べ方」で育つからこそ、その基礎づくりを、子ども時代から〝弁当の日〟でしていきたいのです。

食べ物 食べ方

地産地消

日本の気候帯は亜熱帯から寒帯までに広がり、四季の変化がシャープで国土の7割を多種な樹木の森林が覆い、海岸線は複雑で変化に富み暖流と寒流がぶつかり、山の幸、海の幸にあふれています。だから地域間の交流が少なかった昔、知恵を絞って特色ある地元の食材を生かした郷土料理を次々と開発し、伝承していきました。これはまさに文化遺産です。現代は世界中からの食材が手に入る時代になりましたが、「地産地消弁当を作ろう」という〝弁当の日〟で、地元産の食材を知り、郷土料理を作れる子どもたちにしたいものです。

今度それ作ってきて

自給率向上

ヨーロッパ諸国は陸地に国境があるため、多くの戦争の歴史を持っています。だから「食料自給率の低い国は、いつ戦争を仕掛けてくるかわからない国」とみなされるというのです。日本の食料自給率は40％前後ですから、輸入先の国が輸出できない状況に変わったとき、深刻な食料不足になります。そのためには、もっと高い水準で農作物を自給できる農業を復興しなければなりません。子どもたちの健全育成につながる〝弁当の日〟は、日本の農業も良くしていける力を内包していると思っています。

農業

社会性

弁当作りをしているとき、子どもの一番の関心事はうまくできるかどうかよりも「僕の弁当を見た友だちが何と言うかな」です。人類が社会生活を営むことで進化してきたものだから、ついついリアクションをイメージするのです。だからこれは社会性を育んでいる時間です。友だちの表情や言葉を予想しようとすることは、その友だちを理解することにつながっています。そしてそのリアクションで自分の存在感を体感しています。それがうれしいから、友だちの弁当をのぞき込んだときにもリアクションをするのです。

リアクション

コミュニケーション力

いつも無口で、友だちの輪に入っていくことがなかった男の子の周りに、今日はみんなが集まっていました。その子の弁当箱におさまっていたのはアンパンマンの飾り巻き寿司。形はくずれていたけど、それが彼の手作りの証拠のようなものです。作り方を聞かれ、たどたどしい説明はわかりやすさに欠けていましたが、手つきは実演そのものでした。彼は、この次は違う作品を作ってくることでしょう。「他に何ができる?」「今度、それ作ってきて!」自分から話しかけることができなかった彼が、話しかけられての会話を始めました。

親は手伝わない

学習意欲

子どもは好奇心の塊です。いろんなことに興味を持ち、失敗を恐れず（正しくは、失敗を予測できず）手を出します。それは本能のようなものです。あまりにも未熟に生まれてきているからこそ、生まれでてからの成長の大きな可能性が人類をここまで繁栄させたのです。この試行錯誤を体験させる余裕が、大人の方になくなってきました。〝弁当の日〟は、「親は手伝わないで！」と訴えていますから、「どうしてそんなことするの」「それはダメ」と言われることが少ないのです。体験から学んだことが、次の体験への意欲になるのです。

体験の蓄積

小学校5、6年生のときに〝弁当の日〟を経験した女の子が、県外の大学に進学するようになって母親に「食事をどうしようか」と言いました。「あなた、弁当を作れるじゃない」と言ったら「あっそうか。弁当箱に入れずに作ったものを食べればいいんだ！」とつぶやきました。

彼女は中学校入学から高校卒業まで6年間、勉強と部活動に明け暮れていたので台所に立つことはなかったのです。でも、2年間の体験で調理技術は身についています。思い出したとたんに6年間の空白を飛び越えて「作れる！」と思いついたのです。

同時進行

段取り力

うっかりしていて、おかずが出来上がるころに炊飯器のスイッチを入れました。大失敗です。それ以来、一番時間がかかるものは何かを考えて、取りかかる癖がつきました。また、かかる時間が同じでも、前夜のうちに作れるものと、当日の朝に作った方がいいものがあることを学びました。そのうちに同時進行で、いくつかのおかず作りもできるようになりました。今は、同時進行で片付けをやりきることを目標にしています。「これって、すごくない?」って自分で思っています。

学び合う

「まなぶ」は「まねぶ」からきています。つまり「真似ぶ」です。弁当の見せっこをした子どもたちは、友だちの弁当から彩りや盛り付けや調理技術の刺激をうけます。そして「まねしたい」と思います。子ども同士でこんな刺激をし合うことが学び合いです。弁当作りは、子どもたちが自分の家庭の台所でします。本来なら〝弁当の日〟という学校側の提案には無理があるのです。でも、調理を各家庭だけに任せていては、環境・機会に恵まれなかった子どもがそのまま成人してしまいます。

真似る

友だちを認め合う

友だちの弁当を見て、すぐにいいところを見つけてほめてあげられる子は、ほめてもらった経験を持っています。不思議なものです。人を愛することができるのは、自分が愛されてきたからです。してもらってうれしかったことはしてあげたくなります。カレーピラフや手作りギョーザはすぐに流行しました。それは単に料理が広がっただけではありません。〇〇さんに教えてもらったカレーピラフ、△△さんから始まった手作りギョーザなのです。まねた子もまねられた子も料理で認め合い、つながっていくのです。

思いやり

弁当を持ってこられない子がいたら、先生たちが余分に作って準備していました。おかずの少ない子にはおかずをプレゼントする子や、「ちょっと味見をしてくれ」と言って上手におかずの交換をする子がいました。さりげなく繰り返しているうちに、かわいそうな子だと言われていた子が人にあげる分まで持ってきたことがありました。かわいそうな子がいるから、そっとしておこうとするのではなく、「かわいそうじゃないよ」という場面を教室の中につくることの方がいいと思っています。

かわいそうじゃない

健康

作れる

子どもには、大人たちのような食べ物への健康志向はありません。台所に立つことなく成人した若者たちは、外食や出来合いのものに依存することが多くなります。それらは概して味が濃く、添加物も多く、ビタミンやミネラルが少ないのです。〝弁当の日〟の卒業生たちが次々と成人しています。彼らの多くは、台所に立っています。普段の生活の中で栄養バランスのとれた食事を作れるようになっているのです。たぶん、あまり健康を意識していないと思います。でも普通に生活することが健康につながっているのです。

好き嫌い

それでも食べきった

大好物のカラアゲをたっぷり入れたけど、下にはレタスを敷いているし、大嫌いなピーマンも炒め物にして入れた。野菜を食べる大切さを家庭科の授業で教えてもらってから弁当の献立を考えたとき、しかたなく、そうしたんだ。教室でみんなと一緒に弁当を食べた。家の夕食に出たときはレタスもピーマンも残しているけど、今日は食べた。やっぱり、レタスもピーマンもおいしくなかった。嫌いなものを好きにはなれない。それでも食べきったわけは…。うまく説明できないな。

朝食を食べる

「胃袋は目覚めて30分後に動き始める」のだそうです。〝弁当の日〟に自分が弁当を作ってみて納得しました。〝弁当の日〟を繰り返すうちに、前夜に下ごしらえをしておき当日の朝は30分で弁当を作れるようになりました。出来上がるころ、おなかはペッコペコです。朝ごはんが、めっちゃおいしいのです。ほぼ同じものを、お昼に学校で弁当として食べるのだけれど、やっぱりおいしいのです。これまで登校ギリギリに起きての朝ごはんは、ごはんもみそ汁もおいしくなかったです。〝弁当の日〟のおかげで、午前中の授業も集中できています。

食材への関心

肉や野菜の命

カラアゲを作ろうとスーパーへ行って、気づいた。カラアゲは牛肉でも豚肉でもなく、鶏肉だったのだ。鶏肉にも、ムネ肉やササミや手羽先やレバーがあって、料理によって使う肉が違うのだ。牛肉や豚肉はもっと複雑だった。レタスとキャベツの区別がつかなかった僕が、今はジャガイモの男爵とメークインの区別がつくし、料理で使い分けている。1本の大根だって、上はサラダや大根おろし、中はおでんや煮物、下はみそ汁に使うように心がけている。いつからか、肉や野菜の命を大切にしたいという気持ちが生まれている。

成長願望

ゆっくりしっかりマイペース

人のからだは、24歳ごろに成長は終わるとされています。細胞の数は60兆になり、親知らず（第3大臼歯）が生えそろうのです。あとは更新（再生）を繰り返しながら現状維持です。やがて再生能力は低下して老化現象が進行します。今のところ人間の寿命は１２０歳といわれています。現代の日本社会は、生きることに急ぎすぎている気がしてなりません。それって「死に急ぐ」って言葉で戒められてきたことのはずなのですが。子どもは、内なる成長プログラムに沿った成長願望があります。ゆっくり、しっかり、マイペース。

生きる力

楽しい人生

生きるために食べているのではありません。食べるために生きているのでもありません。「食べること＝生きること」なのです。例えば教育熱心な親から「朝ごはんを食べれば成績が良くなるんだって」とか「弁当作れば学力がつくのよ」とハッパをかけられたとき、子どもはこんな言葉もイメージできるのです。「あなたって、朝ごはんを食べても、弁当を作っても成績が上がらないね」。朝ごはんを食べること、弁当を作ることそのものも、楽しい人生の一部だと受け止められる日々の方がずっといいのです。

自信

自分で弁当を作った子どもたちの喜びの大きさと成長に、大人も気づくべきだ。

Photo Library

堂々たる弁当。控えめな笑顔。大人っぽい落ち着き。

「国分寺中の“弁当の日”が楽しみ」という新入生の作文がふえた。

おだやかさの中に満ちている充足感。

調理実習の作品はすべて校長室に届く。もちろん、私も笑顔。

ちょっと照れくさいけど、見てほしい力作弁当。

テレビ出演した子は地域でも人気者に。

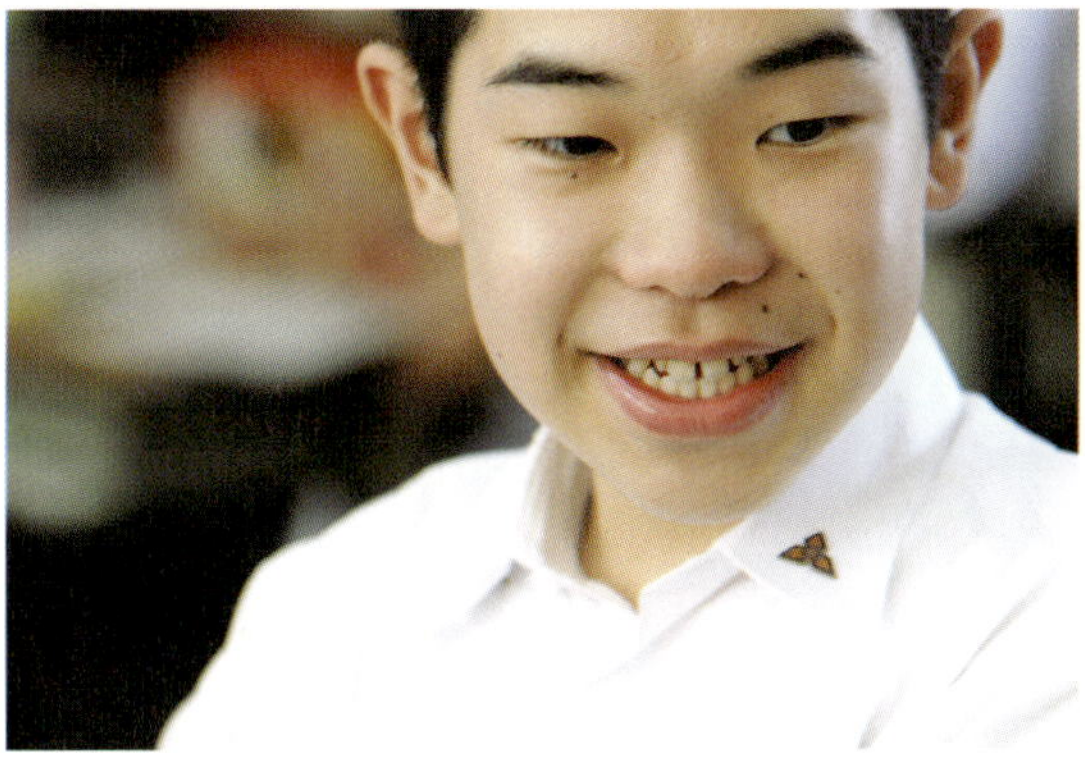

友だちの長所を見守る優しさ。それも表情にでる。

かわいい弁当を作ろうとしているとき、心もかわいくなる。

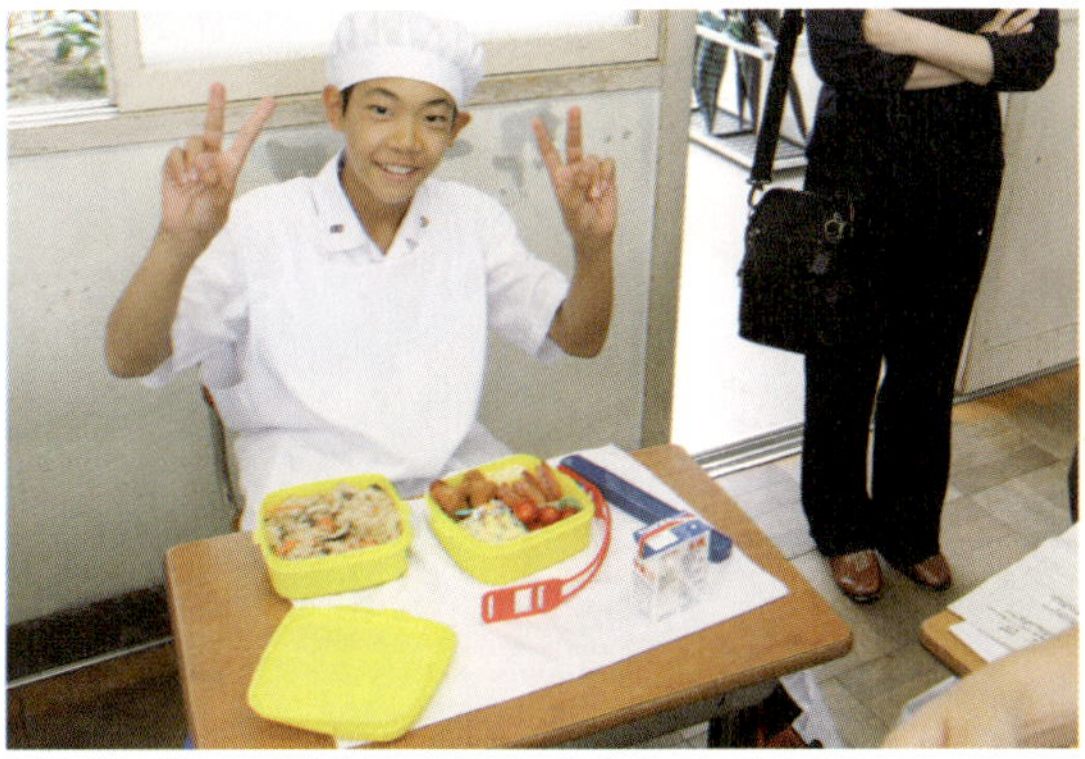

視察者の前で弁当箱をあけ、質問に答えることでも心は育つ。

照れくさいけど、撮って欲しい。

年賀状に使用させてもらった。彼の笑顔は説明を超えている。

生徒が仲間と共に心を開いた空間と時間。弁当の「見せっこ」。

弁当作りで得た自信は、学校生活への自信につながる。

調理技術向上

「見せっこ」が弁当を見る目を肥やす。
それが栄養バランスとつながる。

集団宿泊学習の配膳も手際がいい。「他校とは違う！」とほめられる。

ちょっとした添え物が、作った人の心遣いとして楽しい。

泉先生（綾上中）。幼稚園児の娘さんの弁当になってしまった。

西日本新聞「食卓の向こう側」に登場した太田君（国分寺中）。

弁当箱が盛り付けのイメージをふくらませる。

どことなく漂う手作りのあたたかさ、かわいらしさ。

新聞社の取材に応じてくれた國村さん（綾上中）母娘。

あっ、これは私（竹下）が作った弁当。泳ぐ魚シリーズ。梅干しも自家製。

見た目を意識するから、白ごはんが少なかった気がする。

食べ盛りの野球部員。はい、これで1食分。至福のひととき。

郷土料理弁当には、さぬきうどんも。だしは別の容器で持参。

友だちの弁当が次回作の課題をくれる。次回はあれを作ろう。

国分寺中の先生への謝恩会は「なべの日」。技術の向上は早かった。

滝宮小での最後の“弁当の日”。「思い出のファイナル弁当」。

“弁当の日”に託した6つの夢

竹下和男

1 「一家団らんの食事」が当たり前になる夢

同じ屋根の下で生活をしていても家族の絆は生まれない。家族全員がそろって同じ空間で会話を交わしながら食事を共にすることの大切さを、学校で出会った多くの子どもたちから学んだ。それは「子育ては楽しい、あなたを愛している」という強烈なメッセージを親が子どもに伝えていることになるからだ。ただし、押し付けがましいのはダメ。

その食事は料理が出来上がるまでに家族が多く関わるともっといい。作りながらいただく鍋料理がその代表だ。家族が鍋を囲んで向き合うからテレビはいらない。みんなが湯気の向こうの笑顔に話しかけられる。親が子を慈しみ、子が親を敬愛する感情は、そんな家庭の日常の食卓で育まれる。

2 食べ物の「命」をイメージできるようになる夢

さっき食べた朝ごはんに、命はいくつありましたか。ごはんは1粒が一つの命。みそ汁に使った豆腐やみそも大豆の粒の数だけの命。ダイコン、ニンジン、ネギは1本が一つの命。サケは1匹で命。卵は1個で命。レタスやキャベツやタマネギも一つずつの命。牛肉、豚肉、鶏肉も一つの命。

毎日、食べるたびにたくさんの命をいただいて、守っているのはたった一つの自分の命。佐藤初女さんが「料理とは食材の命を奪うこと。そして生かすこと」とおっしゃった。食材の命をいただいて私の命がある。私は言う「料理とは、食材の命に自分の命を和《あ》えること」。

3 子どもたちの感性が磨かれる夢

キュウリとニンジンとサツマイモとカボチャ。包丁で切ってみると、見ただけでは分からない硬さが分かる。葉物野菜をゆでておひたしを作れば見た目の量の変化に驚く。肉や魚やエビが熱をうけると鮮やかに色が変わる。ちょっとした隠し味で料理に深みや豊かさがでる。野菜の繊維のサクサク感をうまく残した炒め物をかむときの音が心地いい。お好み焼きのソースの焦げたにおい、台所に漂うカレーの香り。

磨かれた五感が喜んでいるとき、人生は喜びに満ちてくる。自然の恵みが元気をくれる。

4 人に喜ばれることを快く思うようになる夢

睡眠時間をけずってまで、子どもに弁当を作る親がいる。同僚にクッキーを焼いてくる大人がいる。手間をかけて自家製の梅干しやぬか漬けを作る人がいる。そんな大人たちに共通するのは、家族や仲間においしいと喜んでもらった経験を持っていること。その笑顔を想像しながらおいしいものを作っているのです。作りながら元気があふれてきているのです。

あなたが作った卵焼きやカラアゲを家族や友だちがほめてくれ、喜んでくれたときにあなたの心にそのスイッチが入る。今がチャンスなのです。

5 感謝の気持ちで物事を受け止められるようになる夢

子どもたちの心と体に刷り込みたい価値はたくさんあります。誠実、勤勉、努力、忍耐、友情、公平、優しさ…。それらのすべての基礎として感謝があるように思っていま

す。それは「生かされている」という想《おも》いです。

自分の才能と努力だけで利益を獲得し、それを幸福か成功と考えているうちは、心も体も安らぐことがありません。弁当作りを通して、弁当箱の向こう側の人間の営みや自然の恵みを想像し、限りない感謝の想《おも》いを抱けるようになったとき人間としての大きな成長が始まるのです。

6 世界をたしかな目で見つめられるようになる夢

今、世界を動かしているのは経済です。分かりやすく言うと、ものの値段です。食材を求めて買い物に行けばたくさんの疑問が生まれます。安い野菜の多くは中国から輸入しています。近くの田畑に野菜があるのに、なぜ遠くから運んだ方が安いのか。同じに見えるしょうゆやサラダ油の値段がなぜ大きく違うのか。高い肉と安い肉はなぜあるのか。値段の差は品質なのか流通なのか技術なのか。そもそも、安ければいいのか。

価格の向こう側に、生きている社会の仕組みが見える窓があるのです。あとは社会をよくするために一歩でも半歩でも歩み始めればいいのです。

Uoto Osamu manga column 1 じょうずになりました

カラアゲを作ろうと決めて、
スーパーへ行って気づきました。
カラアゲは牛肉でも豚肉でもなく、
鶏肉だったのです。

そして鶏肉にも、ムネ肉やササミや
手羽先やレバーがあって、
料理によって使う肉が違うんです。

牛肉や豚肉はもっと複雑。
レタスとキャベツの区別も
つきませんでした。

今はジャガイモの男爵とメークインの区別がつくし、料理で使い分けています。
1本の大根だって、上はサラダや大根おろし、中はおでんや煮物、下はみそ汁に使うように心がけています。肉や野菜の命を大切にしたいという気持ちになってきました。

絵：魚戸おさむ

実践者の体験リポート

私にとっての〝弁当の日〟

〝弁当の日〟1期生から

最初の〝弁当の日〟を体験。お父さんとのエピソードが伝説となっている

岡田礼花さん

小学校の先生から

最初の〝弁当の日〟を担任として体験。子どもたちのがんばりをほめ続けた

小谷　修さん

保護者から

地域の仲間と共に「勝手に〝弁当の日〟」を始め、イベントにも携わる

渡邉雅美さん

保護者から

食を作ることの大変さとありがたさに気づいてくれた子どもたち。その姿を見て感動した

船ヶ山　清史さん

中学校の先生から

家庭科の教師として、技術面だけではなく、心の成長を見守ってきた

眞邉国子さん

栄養士から

給食を通じて、テーマに沿ったメニュー作りができるようにヒントを提供し続けた

愛染麻水さん

教育委員会から

宇都宮市で教育委員として奮闘。市内の全小中学校で「お弁当の日」を実施した

樽井圭子さん

実践者の
体験リポート
**私にとっての
"弁当の日"**

小学生時代、姉（左）と自宅の庭で。

岡田礼花
（おかだ・あやか）
香川県綾歌郡

2001年、香川県の滝宮小学校で最初の"弁当の日"を経験。そのひじきごはんエピソードは、"弁当の日"を知る人々の間では有名。現在も滝宮在住の大学4年生。

"弁当の日"1期生から

〝弁当の日〟から生まれた感情すべてが、私の原点

私はまだ、あの時のことをはっきりと覚えている。当時の私には〝天才的〟と思えた、炒めるという発想が生まれた瞬間の喜びや、お弁当箱を誇らしげに開けた時の胸の高鳴り、そしてそれを口にした瞬間、心の底から「まっずーーー!!」と叫びたかったけど、ぐっとこらえてポーカーフェースを貫いた時のむなしさ…。

今年の3月、短い期間ではあったが、メキシコ合衆国に留学していた。何もかもが日本と違うこの国でのホームステイで、私はいろいろなことを学び感じたが、最終日、私はお世話になったホストファミリーに何かお礼がしたくて、日本の朝食を作ることにした。とはいっても、食材には限りがある。悩んだ末、卵焼きとみそ汁を作ることにした。この二つで私は今まで失敗したことがない。自信満々でキッチンに立った。この時の私はこの後に待っているさまざまな試練を知る由もなかった。

まず、そこには、お箸、卵焼き用の四角いフライパン、みそ汁のお椀《わん》などが当たり前のようになかった。いくら簡単な料理であるとはいえ、ことの大変さにこの時点で気がついてしまった。どんどん雲行きが怪しくなる。果たして無事に作り終えることができるのだろうか。

次に苦戦したのはコンロ。日本のコンロとはまるで違った。火が出る部分の上に、なぜか高い台がのせてあって、鉄格子のようになっている。不思議だなとは思ったのだが、お湯を沸かそうとしただけで、すぐに鍋がバランスを崩し、倒れてしまうのだ。これが本当に大変だった。

グアナファトという場所の洞窟の中。となりは、私がメキシコに行く最初のきっかけをくれた人。兄でもあり親友でもあるとても大切な人。

メキシコの主食トルティーヤの作り方を教わる。
トウモロコシの粉を練るのだが、まるで紙粘土を練っているような感触。

てんやわんやのうちに何とか料理を作り終えた。できた料理は言うまでもなくぐちゃぐちゃ。みそ汁はぬるいし、卵焼きは形が最悪。私はすっかり自信を失い、こんなものを日本の朝食だと言って出すわけにはいかない、とまで思ったのだが、食材がもったいないと思ったことと、何よりも私の料理を楽しみにしてくれているホストファミリーに申し訳ないと思い、勇気を出してテーブルに並べた。彼らは明らかに気づいていた。私が失敗したことを。みそ汁がこんなにおいしくないものではないことも、卵焼きがこんな形ではないことも知っているはずなのに「あやか、おいしいよ」と全部食べてくれた。それがとてもうれしくて申し訳なくて、でもうれしくて彼らのことがますます好きになった。

こんな気持ち、以前にも感じたような…。そう、初めての〝弁当の日〟に一生懸命作ったひじきごはん。今も忘れはしないあのまずい味。それと同じものを父の弁当に入れた。父はまずかっただろうに、そんなことなど一言も言わず「あやか、おいしかったよ」と言ってくれた。あの時の気持ちを私は一生忘れない。食は人と人の心をつなぐ大切なもの。私はこのことを小学校での〝弁当の日〟から教えてもらった。あの経験なくして今の自分はないと思っている。〝弁当の日〟はさまざまな感情を私に与えてくれた。そしてそのすべてが今の私にリンクして生き続けている。その証拠に、私は今も父が大好きである。

世の中にたくさんの「〝弁当の日〟卒業生」が増えることを心から願っています。そして〝弁当の日〟でたくさん失敗してください。その失敗こそが後に大きな財産になるでしょう。〝弁当の日〟卒業第1期生になれて私は本当に幸せ者です。

実践者の
体験リポート
私にとっての
“弁当の日”

小学校の
先生から

だいじょうぶ、子どもたちはたくましい

小谷　修
（こたに・おさむ）
香川県綾川町立滝宮小学校
教頭

開始当時、弁当作りの直接の指導は家庭科の先生にお願いし、自分はひたすら弁当をカメラに収めた。そして毎回レベルアップする子どもたちのがんばりをほめ続けた。

「どうも料理をするガラでもなく…、せにゃならんと思うのですが（その意識がある点、弁当の日の影響かもしれません）」

滝宮小学校〝弁当の日〟第1期生の成人式の日、彼らはタイムカプセルを開けるために学校に集まった。そこで〝弁当の日〟についてのアンケートを取った。その中の回答の一つが右の感想である。

私は、当時第1期生の担任をし、その後も計3年間、子どもたちと一緒に〝弁当の日〟を経験した。今現在は、同小学校で教頭をし、教頭としても3年間、〝弁当の日〟と子どもたちを見てきた。

来校者から「〝弁当の日〟の一番の魅力は何ですか」とよく聞かれる。私は、「親にとっても、子どもにとっても『気づき』があるのが一番の魅力です」と答える。親は「弁当を作る」という子どもの姿を見て、子どもの見えていなかった一面を発見したり、成長を確かに感じたりする。子どもは、いつも目の前に用意される料理にどれだけの手間ひまがかけられているか、親の苦労や愛情に気づく。その他にもいろんな気づきがある。

アンケートの回答をもう少し紹介する。「家族（母や祖母）に料理を教えてもらって楽しかった思い出がある」「一人暮らしのときレトルトを使わず自炊している」「バランスや彩りに気を使っている」「一人での料理が怖くない」「自炊のときに役に立った」等々。そして、右の回答。きっ

コメントをもらいました。

ぼくの弁当を紹介します。

友だちの弁当にコメント。

と背中を押されるチャンスがあれば、自分のためではなく、誰かのために料理をするだろうという思いが感じられて、私はこの回答が一番気に入っている。

教員も、保護者も、子どもたちもみんなが手探りで始まった〝弁当の日〟。みんなちゃんと弁当を持ってくることができるのだろうか。〝弁当の日〟を始めたどの学校も、この緊迫感は共通のものだろうと思う。これから始めようというみなさん、だいじょうぶ。子どもたちはたくましい。

1、2年生の時から5、6年生の弁当を見てきた子どもたちは、5、6年生になってようやく自分たちが取り組めるようになると、難しい料理にもどんどん挑戦してくる。離れて住んでいるおばあちゃんのところに聞きに行ったり、料理が得意な近所のおばちゃんのところに教えてもらいに行ったり、〝弁当の日〟は、子どもたちの積極性も引き出す。

私自身は、娘が高校に通う3年間、娘の弁当を作った。〝弁当の日〟を自分が直接体験していなければ行動を起こさなかっただろう。途中で竹下先生にお会いした時に「娘さんは作る言わんのな（作ると言わないのですか）」と言われて少しへこんだが、今、親の忙しさを見て「私が夕飯作ったほうがええよね」という言葉が娘の口からでるだけで、親としてはよしとしている（甘いか）。間接的に〝弁当の日〟を経験した娘も、背中を押されることがあれば、誰かのために料理をするだろうと思う。

先生の弁当も紹介します。

実践者の体験リポート
私にとっての“弁当の日”

保護者から

自分の手の届くところから始めればいい

渡邉雅美
(わたなべ・まさみ)
岐阜県可児市

“弁当の日”との出合いは2010年に内田美智子さん（p.88参照）の講演会開催実行委員になったこと。以後、その魅力を多くの人々に伝えたい一心で、地域でのイベント開催などに携わる。小学5年生、3年生、年長の3児の母。

娘たちは通っている小学校で〝弁当の日〟を経験していません。ですが、私が地域の仲間と開催した「地域版〝弁当の日〟」や、学校で弁当が必要な時に「勝手に〝弁当の日〟」と称して娘たちを台所に立たせることで、子どもたちが大きく成長しました。娘たちに「今までで心に残る弁当は？」と質問すると「初めて自分で作ったお弁当」と返ってくるほど、自分で全部やったことの達成感が忘れられないようです。

そんな娘たちに大きな変化をもたらしたお弁当があります。友だちが作ったきゅうりの飾り切り入り弁当です。わが家では子どもたちが年少になると同時に包丁を持たせていたので当時4年生の長女、2年生の次女は毎朝みそ汁を作るのが日課です。しかし、そのきゅうりの飾り切りに刺激された娘は、次の日から図書館に行っては野菜の飾り切りの本を探してきて借り、借りては練習を繰り返していました。そんな娘を見て刺激された長男も「お姉ちゃんたちみたいに調理はできないけど、僕はお皿なら洗えるよ」と、娘たちが使ったフライパンやお皿を進んで洗う姿が見られるようになりました。

また、「地域版〝弁当の日〟」に参加した女の子からは「今日はとても楽しかったです。とても大変だったのでお母さんの気持ちがよくわかりました。今日のことをきっかけに学校の家庭科の勉強にも興味がわいてきました。そして料理のお手伝いもしたいし、お母さんにいつものお弁当のお礼をしたいとあらためて思いました」という感想をもらいました。

「ひろがれ“弁当の日”シンポジウム in 可児」
で、実践発表を見る（左から）竹下和男さん、
佐藤剛史さん、佐藤弘さん。

2010 年 6 月に開催した「地域版“弁当の日”」で子どもたちだけで作った弁当を長男と一緒に食べる。

私は子どもたちの意識の変化を目の当たりにした時、「子どもは子ども同士で刺激し合い競い合いながら成長していく」ことを、また〝弁当の日〟を学校でやることにとらわれなくても、自分の手の届くところから始めてもよいのではないかということを感じました。

２０１１年６月、岐阜県可児市で「ひろがれ〝弁当の日〟シンポジウムin可児」を開催しました。６００人を超す方が参加する大きなシンポジウムになりました。

準備期間中、私が主婦業だけでなくシンポジウムの準備もしているので、子どもたちと接する時間が少なくなったことは言うまでもありません。当然、さびしい思いをしていました。ですが〝弁当の日〟を経験している子どもたちは、「ママのやっている〝弁当の日〟は日本の未来を変えるもの。料理は自分たちでできるから任せて。ママはシンポジウムの準備をしていていいよ」と、私を応援してくれていました。実際に〝弁当の日〟を経験した子どもたちだから出てきた言葉なのかもしれないと思いました。

初めのうち子どもたちが台所に立つと危なっかしいし、要領も悪いです。でも、いろいろと心配ごとはあっても、思い切ってやらせてみると、子どもたちは案外自分たちでやってしまうものです。転ばぬ先の杖《つえ》を準備してしまうよりも、転ばせてしまった方が子どもたちの心に深く刻み込まれ、次への飛躍の一歩となると〝弁当の日〟に教えてもらいました。最近は手出し口出しする前に「この杖が本当は誰のために必要なものなのか」考えるようになり、子どもたちのために必要でないのなら黙って見守ろうと思うようになりました。

実践者の
体験リポート
私にとっての
“弁当の日”

保護者から

ある日、食卓が家族の会話と笑顔であふれていると、気づいた

船ヶ山 清史
（ふなやま・きよふみ）
宮崎県宮崎市

「うどん茶房 ふなや」を経営。家族で「生ごみリサイクル」「弁当の日」を実践。家族が変わったという感動を人へ伝えたく活動をしている。現在、娘さんたちは小学校6年生と3年生。

私は、どこにでもいる子煩悩パパですが、以前は、忙しい日常に押され、ついつい食事は便利な食品に流され、テレビはつけっぱなし。子どもの小さな成長、心の変化に気づきにくく、「子育て＝大変」という意識が、私の心の奥にあったように思います。

そんな日々の中、西日本新聞の『食卓の向こう側』に出合いました。私は飲食店を経営しており、「食」に関しては少々こだわっているつもりでしたが、この本に書かれている内容は、「親」である私への、日常の「食」への問題提起でした。あまりにも、今まで無頓着に、家族に食事を作っていたことへの反省。そして「食事＝体をつくる」ということだけではなく、「農」の深遠な世界へもつながり、社会、家庭環境、私たちの心までつながっているという、新たな視線に気づかせてくれました。その本の内容に押され、食事を少しずつ変えていくと、家族の体が変わっていくのを実感するようになりました。子ども自身も、体の変化を実感し、「食卓」が家の軸となりました。

しかし、ただ一点だけ、どうしても子どもたちへ伝えきれないことがありました。食事を作る大変さを知り、作る人へ感謝の心を持ってほしかったのです。その後『食卓の向こう側』の第8部で、竹下和男先生の〝弁当の日〟に出合った時、この取り組みが目指すものに感動し、子どもたちが変わるはずだと確信しました。

2008年夏休み間近、当時小3の長女に「弁当を自分で作ってみらんね？」と尋ねると、当

今では弁当作りはもちろん、食事だって作ってくれる。姉の背中を追う3歳下の次女も同様。

然「いやだ！面倒くさい」と娘。がしかし、半強制で夏休みの自由研究として、少しずつ練習を重ねながら、夏休み終わりには全部作ってみることになりました。

食事の支度の時、キッチンに呼び、包丁の持ち方、調理の基本、味付けと練習を繰り返しました。「親は手出しはしない」大変さ、ハラハラの連続。朝の出勤前や疲れて帰った夕食前に「子どもの成長」に耳を澄ますのは、とてもエネルギーがいりましたが、回を重ねるごとに上手になる娘の後ろ姿はそれを上回る感動を与えくれました。いつの間にか、娘がキッチンに入ってくるのは当たり前となり、買い物へ出かけても一緒に食材をカゴに入れ、テレビを消して食卓を囲むようになりました。ある日、食卓が家族の会話と笑顔であふれている、と気づきました。自分の「幸せ」の核は「食卓」にあるのだと再認識した瞬間でした。

長女は、夏休みの終わりに、全部自分の力で弁当を作り上げました。その弁当は自分のではなく、ママ、祖母、曽祖母のためにです。夕方、空っぽの弁当箱に入れられた感謝の手紙。長女は「おいしかったよ」の言葉をかみしめていました。その一つの弁当作りで娘は大きく成長しました。

子どもと向き合った時、どうしたら子どもが成長できるのか、その場面で親として何に気づくべきなのか、たくさんの教えを与えてくれた〝弁当の日〟。娘の成長のためにと始めたのですが、実は私自身が多くを学びました。そして、親子が共に成長でき、感動を共感し絆をより深くするすてきな取り組みだと実感しました。〝弁当の日〟を通し「子育て＝親の喜び」ということを、私と同じように多くの人に再発見してほしいと思います。

実践者の
体験リポート
私にとっての
“弁当の日”

中学校の先生から

子どもたちが、心からありがたさを実感するようになる

テーマに沿って、自分で考えながら計画を立てていく。

眞邉国子
（まなべ・くにこ）
高松市立国分寺中学校
家庭科教員

大学では栄養士の資格もとったが、より子どもにじかに触れる機会が多いと考え、家庭科教員の道を選んだ。国分寺中学校で４校目になる。

国分寺中学校全校で取り組むようになって7年目を迎える〝弁当の日〞。今では、当たり前のようになっていますが、始まりは竹下校長が国分寺中に赴任されて2年目の夏ごろだったと記憶しています。校長室に呼ばれ、〝弁当の日〞を始めようと思うが、どう思うかと聞かれました。当時は、私が国分寺中に来て3年目で、21クラスの授業を一人で教えているときでした。竹下校長が国中に来てから、いつかは始まるのではないかと思っていた私は、即座に「はい。わかりました」と言っていました。そう言いながら、生徒にどう教えていったらよいのかと頭の中では考えていたことを今でも覚えています。その後、当時の学校栄養職員だった三宅先生と相談しながら準備をしていき、〝弁当の日〞当日を迎えました。最初は不安の方が大きかったのですが、いざ始めると、生徒たちは、学んだことをもとに、自分なりの弁当を作ってきていて、心配するよりも、まず作る機会を与えることが大事なんだなあと感じました。

普段の生活の中では、家庭の手伝いのように、したらいいことは分かっていてもできないことが生徒たちにはよくあります。しかし、半ば強制的に作らなければいけなくなったときに、初めてやってみて、そこで分かることがあるのです。休日に部活で弁当が必要なときに、親や祖母が作ってくれるのを、ありがたいけれどもそれは当たり前と思っている生徒たちも、自分がその立場になり、自分で作ってみたときには、心からありがたさを実感するようになります。〝弁当の日〞

“弁当の日”の廊下掲示。自分たちが作ったものを他のクラスの人に見てもらう。

学校栄養職員との授業。「もてなす弁当」の計画。生活習慣病を防ぐための工夫を教えてもらう。

はそんな機会を生徒たちにつくってくれるものだと思います。

弁当を作るということは、何もたいへんなことではありません。人として、自分の食べるものを自分で作るという当たり前のことをするだけです。それが面倒だと感じる生徒も確かにいますが、３年間、一生懸命取り組んだ生徒には何らかの成果は上がっていると感じます。〃弁当の日〃を設けることで、自分ががんばったことが人の目に触れ、賞賛され、やりがいを感じ、自分の居場所や存在価値を見つけられる生徒もいます。最初は、不安や心配の方が大きいと思いますが、本当に自分で作る経験をした生徒たちは、技術面だけでなく、精神面での心の成長を感じます。これがとても大切なことだと思います。

国分寺中学校に赴任して、今年で10年目を迎えました。ありがたいことに、今まで一番長く勤務させてもらった学校になりました。大規模校であることに最初はとまどいながらも、この学校での家庭科教員としての仕事にやりがいを感じ、日々を過ごしています。〃弁当の日〃を始めてから、いろいろな人に出会い、話す機会をもたせてもらいました。普通はこの規模の学校でも、家庭科教員は１人。ところがここでは複数の教員が在籍していて教科のことで相談でき、しかも〃弁当の日〃は教職員全員で関わってくれるため、家庭科の授業で生徒が学んでいることを先生方に知ってもらう機会にもなりました。

中学生の時期に、自分で料理が作れるようになり、自分が家庭の一員として食事をととのえられることには大きな意味があると思います。今後も、〃弁当の日〃がもっと広がり、多くの場で実践してくれることを願っています。

実践者の体験リポート
私にとっての“弁当の日”

栄養士から

気づかないまま、心身の一部となっている

愛染麻水
（あいぜん・まみ）
香川県宇多津町立
宇多津小学校
栄養教諭

弁当の計画づくり。

“弁当の日”のために、味覚の発達、食習慣が形成されるこの時期に、旬の食材の本当のおいしさを体感してほしいと、家庭科の授業に出かけていき、「旬の食材を一つは使うこと」と伝えた。

滝宮小学校を離れて4年がたちました。随分と時がたったように感じています。私と〝弁当の日〟の出合いは転勤のごあいさつに滝宮小学校の校長室を訪れた時です。あいさつもそこそこに竹下校長は、

「子どもが弁当を作って給食の時間に食べる日を設けようと思っているのですが、給食に差し障りはありますか？　給食費の返金はできますか？」

と矢継ぎ早におっしゃいます。答えも曖昧に校長室を辞した帰りの道すがら、校長先生の思いも知らず「これは、大変な学校に来ることになった。今度の校長先生は、給食反対派だ」と泣きそうになったのを覚えています。

とはいっても、1回目の〝弁当の日〟は秋にはやってきます。家庭科を担当している先生と相談をし、弁当を作るために最低限必要となる知識や「切る」「ゆでる」「炒める」「煮る」といった技能が無理なく学べるよう学習内容を見直しました。同時に、学校に勤務する栄養士なのだから、学校給食を活用したいとも考えました。

〝弁当の日〟には、子どもたちが弁当の内容を考える際のきっかけになればと、「旬の食べ物弁当」や「野菜たっぷり弁当」、「ふるさと弁当」というように学年に応じたテーマを設定していました。学校給食を通し、そうした弁当作りのヒントになればと、例えば、ほうれん草や「まんば（香川県の伝統野菜）」がおいしくなる冬には、ほうれん草のおひたしや「まんばのけんちゃん」（「まんば」と

野菜サラダ作りの計画を自分たちで実行に移す。

5 年生の家庭科、野菜サラダ作りの計画。

豆腐などを煮浸しにした郷土料理）というように旬の時期には旬の食材を使い、また、どのような食材を炒めたり、煮たりするとどのような料理になるかが見て分かるようにと調理の工夫をしました。当時の調理員さんは、私たちが学校の食育や子どもたちの健康な体を支えている、というとても素晴らしいプロ意識で給食を作ってくださっていました。その調理員さんと一丸となって、これまで以上に手間隙《ひま》をかけた給食作りに努めました。

当時、「〝弁当の日〟を通して子どもたちは何か変わりましたか？」とよく聞かれました。その答えは今もはっきりとは分からないのですが、こんなことがありました。私は、幸せなことに滝宮小学校のほとんどの卒業生が入学する中学校に転勤しました。久しぶりに会う子どもたちは、びっくりするほど大きく成長し、中には少しやんちゃになっている子どももいます。ある日の夕方、日も落ちた校庭でたむろしている何人かの生徒がいて、「早く帰らんと日が暮れたよ」と声をかけたところ、「何を偉そうに言いよんじゃ」とすごまれました。そのとたん「だまれ、先生はすごいんぞ」と、その中の一人が止めに入り、よく見ると滝宮小の卒業生です。その瞬間、滝宮小での６年間が全て報われた思いでいっぱいになりました。

竹下校長が〝弁当の日〟を通して託したいくつかの夢は、子どもたち自身、私たち自身、それと気づかないまま内包しどこか心身の一部となっていると信じています。誰かのために手間隙を惜しまないことの意味や、それを感じる意味。ある子どもが「〝弁当の日〟は、ぼくたちが大人になっていくのに大切なことだと思った」と言っています。それは私も同じで、子どもの成長に寄り添える栄養士として大切な日だったと、今も感じています。

実践者の
体験リポート
私にとっての
“弁当の日”

市内の全小・中学校で実践、家庭と学校がつながる

教育委員会から

樽井圭子
（たるい・けいこ）
宇都宮市立晃宝小学校
副校長

2008年度、教育委員会在任中に宇都宮市の全市立小・中学校全学年で「お弁当の日」を始める。同市では、4段階のコースを設け、取り組みやすくしている。

宇都宮市では、「食を通して自らの健康を考え、判断し、実践できるたくましい宮っこ」を目指し、全ての小・中学校で食育に取り組んでいます。食育は、毎日の食事に密接な関わりがあるため、家庭や地域とのつながりが成果に大きな影響を与えます。特に「お弁当の日」[*]は、直接家庭と学校がつながる食育といえるでしょう。

晃宝小学校では、「お弁当の日」を実施し4年目になります。まず、「お弁当の日」の実施に際して取り組んだことは、保護者へ「お弁当の日」の趣旨をしっかり伝えるということです。なぜ食育を家庭まで巻き込みたいのか、お弁当を子どもが自分で作ることの意義を分かってもらうことが大切です。将来にわたって自分の健康を考える子どもに育ってほしいと願うのは、家庭も学校も同じだからです。

食育基本法が成立し、食育、そして学校と家庭が連携して取り組む「お弁当の日」を市内全ての小・中学校で実施するために、宇都宮市教育委員会では、その実施を求めるための資料を準備するなど食育の啓発活動を行ってきました。各学校では、この資料をもとにそれぞれの学校の実態に合わせ、何度も丁寧にその趣旨を伝えることで、多くの保護者は理解を示してくださいました。本校でも3年目には当たり前のように「お弁当の日」が実施できるようになっています。今年度は、子どもに沿ったねらいを設定し、実施後の振り返りから自分のできることを広げていく、一人一人に応じた食育につなげていきたいと思っています。

食のスペシャリスト「学校栄養士」にゲストティーチャーとして授業に入ってもらう。

次に、子どもへの指導です。本校では、学年に応じたねらいを設定し、子ども自らができることを考え、どこまでお弁当作りに関わるか、などをまとめられるようにしたワークシートを使用して、お弁当作りに挑戦します。1年生では、できないことだらけですが、お弁当の献立を保護者の方と一緒に考えたり、買い出しに行ったりすることだけでも、食べ物への関心は高まります。また、5、6年生では家庭科と関連させ、授業の中で学習した調理をお弁当の中に取り入れるようにしています。お試し調理の学習では、卵焼き用のフライパンや鍋などを家庭から持ってくるなど、学習意欲満々でした。その際、「学校栄養士」にゲストとして授業に入ってもらいました。自分の作った料理についての助言をもらうときの子どもたちの真剣な目が忘れられません。

「お弁当の日」当日は、自分で作ったという自信で満ちあふれた子、満足そうに自分のお弁当を食べる子、もちろん自分で作れなかった、出来合いのものをつめただけだったと不満そうな子、そんないろいろな顔が見られます。でも「お弁当の日」の最大のポイントは、やり直しができるということです。6年間の間に次回は自分で作ろう、ここに気をつけよう、友だちのお弁当を参考に新しいものを作ってみようと自然に自分自身を振り返り、成長していけることが、子どもにとって関心の高い「食」ならではの教育だと感じています。

「おいしかった」「残さず食べた」「今度はもっと…」などの言葉が自然に飛び交う笑顔の「お弁当の日」を、来年度から宇都宮市で始まる小中一貫教育の9年間を通して展開していけるよう、準備を進めているところです。

＊宇都宮市では、想いの「お」、感謝の気持ちという意味を込めて「お弁当の日」と呼んでいる。

さまざまなイベント

講演会、シンポジウム、セミナー、展示会、花見、交流会、試食会…年間に全国で千回近くに…。

桜吹雪舞う東京・練馬区の教会で「ひろがれ"弁当の日"」花見会(2009)。

熊本県・菊池養生園（2007)。農作業の基本を示す竹熊先生。

宮城県・ひろがれ"弁当の日" イン東北(2009)。先陣は弘さん。

香川県・応援団交流会（2008)。福岡県から団体さんが参戦。

山形県・芋煮会(2010)。魚戸さんの漫画で始まった芋煮会と講演会。

香川県・応援団交流会（2008)。打ち込みうどんを食べて滝宮小へ。

福岡県・西日本新聞社セミナー(2006)。池田先生の話に何度も爆笑。

福岡県・九州大学（2008）。大学生のための“弁当の日”に集まった弁当。

東京大学でのイベント（2006）。稲益先生の教え子が参戦。爆笑の会場。

宮崎県・伝説の日（2011）。船ヶ山さんの熱意に仲間が動いた。開会前。

福岡県・高取保育園（2006）。講演会とこだわりの給食試食会。

香川県・全国交流会（2009）。歌うは団長作詞・作曲の「弁当の日」。

長崎県・佐世保（2006）。福田泰三先生の教え子の発表に感動。

鹿児島県・徳之島の奇跡（2011）。満さんの思いは島全体を巻き込んだ。

ひろがる仲間

Photo Library

全国に〝弁当の日〟の実践校が増えていく背景には多くの方々の努力がある。市町村長、県市町村の教育長・教育委員会職員・議員、各種学校の教職員、農業関係職員、PTA会員、児童・生徒・学生・大学院生、テレビ・新聞・ラジオのマスコミ関係者、出版関係者、民生委員、主任児童委員、NPO法人、料理研究家、医者（内科・歯科・産婦人科）…とてもじゃないが、紹介しきれない。私のカメラに収まった方たちのほんの一部をランダムに紹介します。

表彰状

Uoto Osamu manga column 2 涙の「感謝弁当」

生まれて初めての挑戦で、いきなり
三つの弁当を作るという女の子。
タイトルは「感謝弁当」。

一つは、単身赴任先から週末に
帰省していたお父さんが月曜日の朝、
新幹線の中で食べる朝ごはん用。

もう一つは、幼いころ台所仕事をよくしてくれた
入院中のおばあちゃん用です。
もう一つはもちろん学校で自分が食べる弁当。

5時に起床して台所で、
三つの弁当と
家族の朝ごはんを
たった一人で作る娘さんを、
お父さんとお母さんも
一緒に起きて
台所の食卓について
見守っていました。
涙を流しながら。

学校から帰ってきた女の子は、
お父さんとおばあちゃんが涙を流して喜んだ
という話をしながら涙ぐむ母親を見ました。
「自分は深く愛されている」ことを教えてくれた涙。
女の子の心に一生の宝が渡されました。

応援しています〝弁当の日〟

数年前の年末に、〝弁当の日〟に関わる講演会等が「年間、全国で何回か」を数えてみた。約８００回だった。今はメンバーも増えた。もう千回は超えているだろう。その主力メンバーたちが語る〝弁当の日〟。

「食べること」と「生きること」……助産師 内田美智子

親が子どもに遺《のこ》せるもの……フリーライター 渡邊美穂

大学生も魅了した〝弁当の日〟……九州大学大学院助教 佐藤剛史

担任一人でも始められる、コース別〝弁当の日〟……福岡市立愛宕小学校教諭 稲益義宏

「食卓の向こう側」と〝弁当の日〟……西日本新聞社編集委員 佐藤弘

応援しています〝弁当の日〟

「『食べること』と『生きること』」

自ら天職としてとらえる助産師として、
数多くの幸せな出産を見届けると同時に、
トラブルを抱える思春期の子どもたち、家事ができない大人を見る。
そして〝弁当の日〟に出合った。

助産師
内田美智子

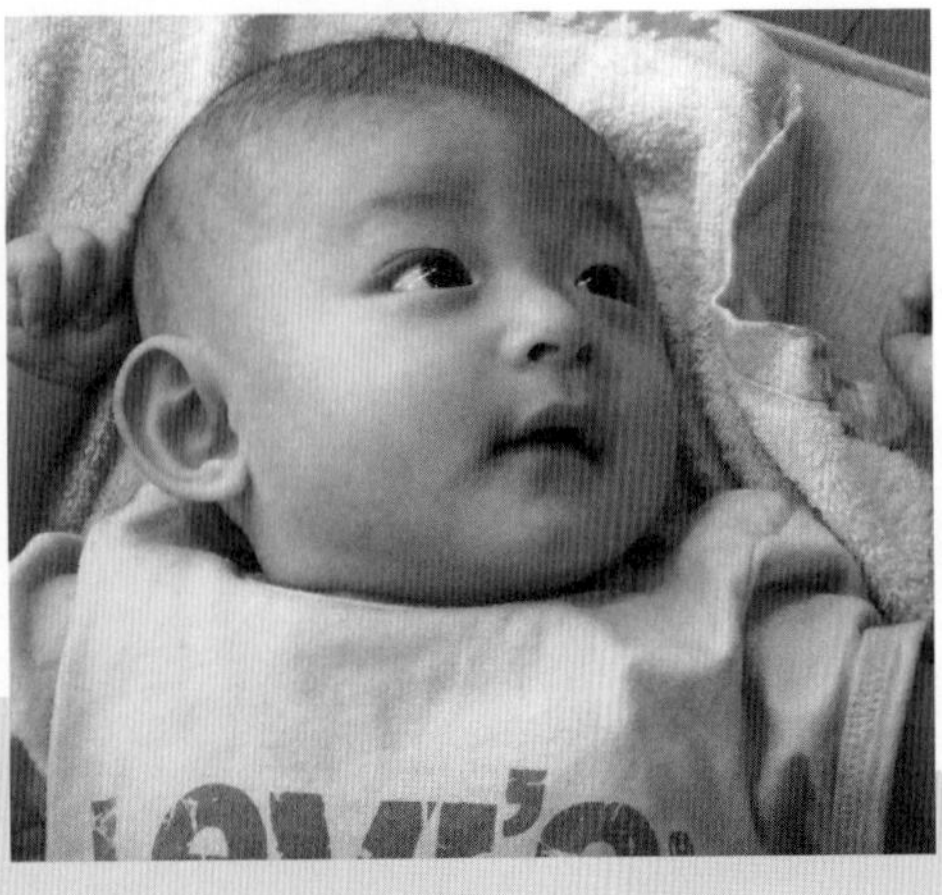

助産師として見てきたもの

その理由が何だったのかは思い出せませんが、中学生のとき「助産師」になりたいと思っていました。その当時、町の産婆さんは年配のおばちゃんで、町中の女性のことを知っていました。知っているというより把握していたといった方がいいかもしれません。そのおばちゃんたちに、中学生の私は憧れていました。その40年前に憧れた「助産師」という職業に就いて31年になります。２７００人近くの赤ちゃんを取

大学生たちに「食」の
大切さを語る。

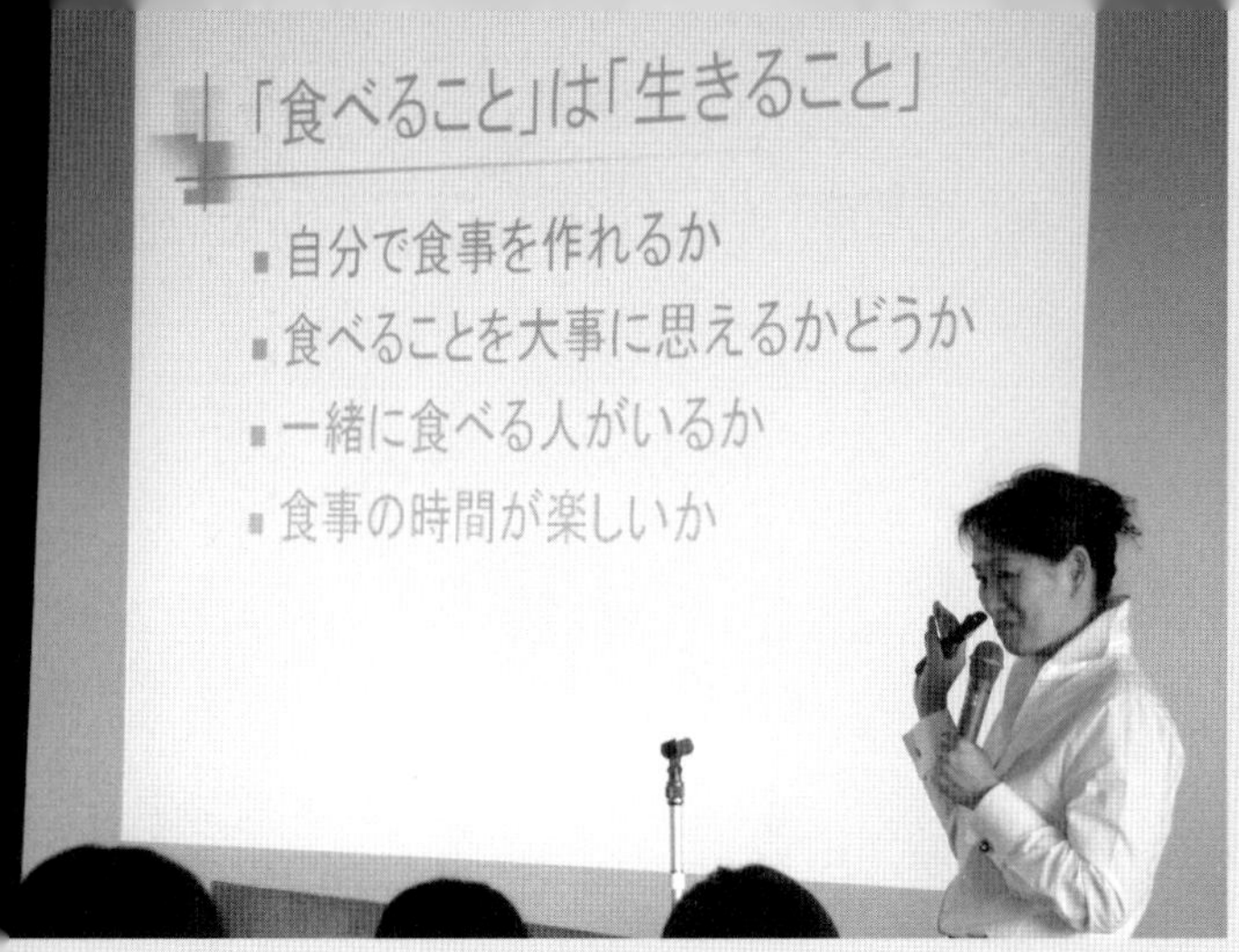
「食べること」は「生きること」
自分で食事を作れるか
食べることを大事に思えるかどうか
一緒に食べる人がいるか
食事の時間が楽しいか

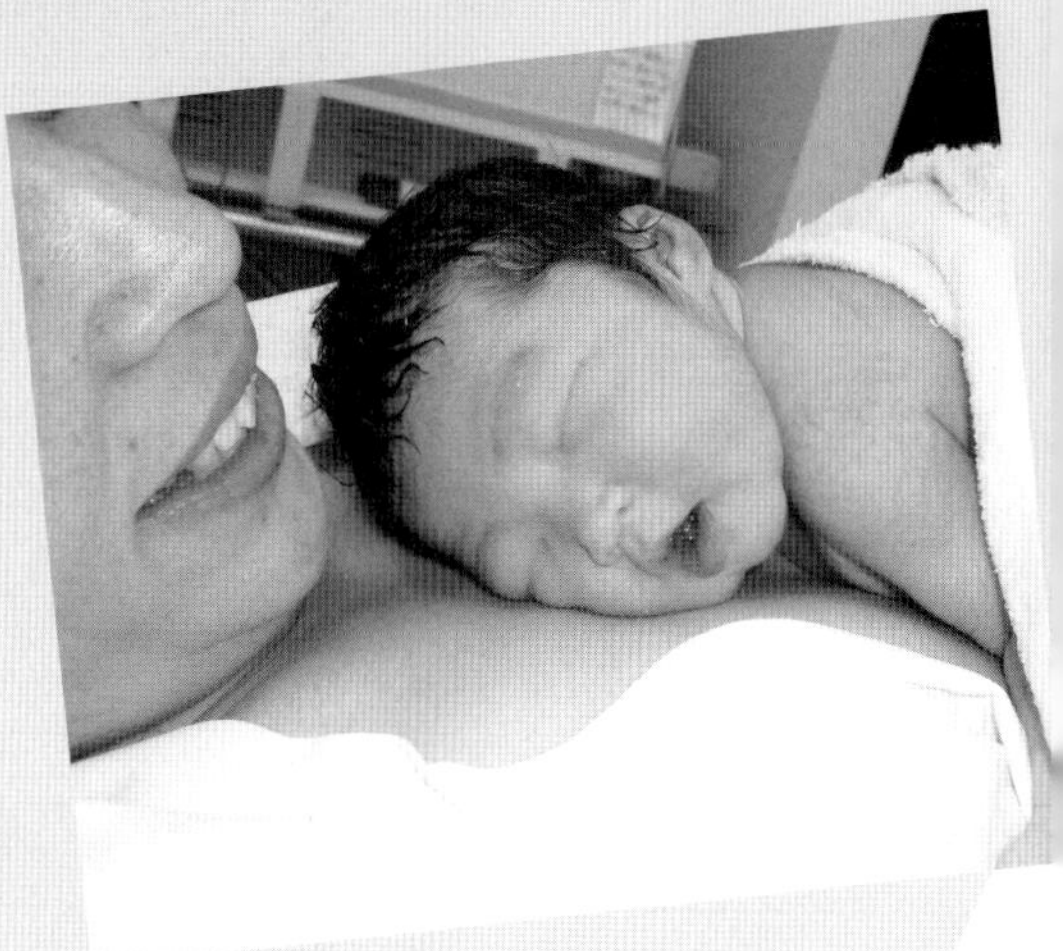

り上げてきました。よくこんな職業があったと感謝しています。天職だと思っています。

助産師として、分娩室《ぶんべんしつ》で元気な赤ちゃんの泣き声を聞くことはとてもうれしいです。命がけで出産を終えたお母さんの顔を見るのもうれしいです。

宿ることができない命があり、産まれてくることもできない命もあり、生きていくこともできない命もたくさん見てきました。「生まれる」ということはすごいことです。これ以上のことはありません。どの子どもたちにも「生まれてきてよかった」、どのお母さんにも「産んでよかった、母になれてよかった」と思ってほしいし、そう思いながら子育てをしてほしいといつも分娩室で思います。ピュアで生きるエネルギーにあふれた分娩室はそういうところです。

でも、分娩室を一歩出るとお産には関係ない女性も産婦人科外来には来られます。赤ちゃんからおばあちゃんまで女性が生涯を通してかかる病院です。思春期の子どもたちもたくさんやって来ました。

産婦人科で出会った思春期の子どもたちと「食」

性のトラブルを抱えて産婦人科を訪れる子どもたちに出会うたびに、子どもたちと話をしてきました。うつむいて話す子、今にも消え入りそうな声で話す子、斜めから私たち大人を見上げる子、どの子どもも「生まれてきてよかった」と思っているとはとうてい思えない子どもたちでした。

性的トラブルを抱えて来る子どもたちに出会うたび、「今朝、朝ごはん食べた?」「食べてない!」、「昨日の晩ごはんは?」「食べてない!」、「今朝も昨日もごはん食べてないで、ひもじくないの?」「ひもじくない…」。ひもじさはないはずです。朝からジュース、プリン、ヨーグルト、ドーナツ、菓子パン、バナナ、カップラーメン、コンビニ弁当を食べている子どもたちがほとんどでした。でもこの子どもたちは、「ごはんを食べた」とは言いませんでした。だってそれは、自分で勝手に口に放り込んだ食べ物です。さあどうぞと、差し出されたものではありませんから。ちゃんと準備してもらったごはんを食べていない子どもたちがたくさんいました。便利な弁当やお総菜・冷凍食品がたくさん売られていて、忙しい大人にとっては便利かもしれませんが、食べさせられる側の子どもたちにとって「こころとからだが育まれる食卓」でちゃんとした食事ができているかというと疑問です。カロリーベースでは足りているかもしれませんが、健康なからだが維持でき、こころの満腹感が得られているかというと疑問です。たかが「食べること」ですが、されど「食べること」でした。

親子の会話

思春期の子どもたちは、「しゃべらない」「笑わない」「そばに近づかない」「何を考えているかわからない」「宇宙人みたい」と母親たちに思われ、扱いに困られる存在です。親子の会話も急に少なくなります。

親子の会話の少ない家庭の子どもは、性交経験年齢が低いというある調査結果がありました。産婦人科医院という場所にいて、性的トラブルを抱えた子どもたちを救うには、子どもたちの居場所がなければ難しいことは感じていました。しかし、その方法が私には見つかりませんでした。

何もできないまま大人になった子どもたち

産婦人科にいてもう一点、気になることがありました。

命を宿し10カ月後、身が二つになった瞬間、女性はお母さんと呼ばれ育児が始まります。わが子にごはんを食べさせる側に回りますが、「ごはんを炊けない」「みそ汁を作ったことがない」「弁当も作ったことがない」まま大きくなり、炊事だけではなく、掃除・洗濯（洗って干してたたんでしまうこと）・片付けなど家事ができない（やったことがない）まま育った子どもたちが、やがて大人になり育児を始めようとしていました。

家事ができない大人に育てられる子

新生児を抱いた母親と語る筆者。

どもたち…育児の根本が崩壊します。

"弁当の日"に出合った

家庭での親子の会話を増やすにはどうしたらいいのだろう。自分のことが自分で何でもできる子どもを育てるにはどうしたらいいのだろう。自分ができないことをしてくれた人に素直に感謝する子どもを育てるにはどうしたらいいのだろう。自分で自分が食べる食事を作ることができ、いずれ親になり食べさせる側に回ったときそれができる子どもを育てるにはどうしたらいいのだろう。私には何一つ解決できないことばかりでしたが、そんな時、西日本新聞の連載「食卓の向こう側」に登場された、竹下和男先生が実践されていた"弁当の日"の取り組みを知りました。

東京でのシンポジウムで佐藤剛史さん（左）、佐藤弘さん（中）と共に語る筆者。

ごはんや弁当が作れる小学生がいる。自分で作った弁当を誇らしげに見せてニコニコしている子どもがいる。親子の会話がむちゃくちゃ増えている家庭がある。親のそばにも寄ってこない中学生が台所にいる母親のそばに来て、料理の仕方を習っている。ごはんを作ってくれた親に素直に感謝している子どもがいる。友だちをけなさない子どもが育っている。

え〜〜と、思いました。驚きました。思春期の子どもたちと若い母親たちを見てきて、私がこれまで思い悩んでいたことがもしかしたらこの"弁当の日"という取り組み・実践で、解決できるかもしれないと、一筋の光明を見いだしました。他に方法が何もないなら、このまま手をこまねいているしかないなら、やってみてもいいのではないですか？と"弁当の日"を応援しました。

私の思いが満たされつつあることは、他の先生方の実践の中で証明されていると思います。これからも応援し続けるつもりです。

内田美智子（うちだ・みちこ）
助産師。大分県竹田市出身。国立小倉病院付属看護助産学校卒業。福岡での病院勤務を経て1988年福岡県行橋市「内田産婦人科」に勤務。夫は、同医院院長。「生教育」をテーマに全国で講演活動を展開。北九州思春期研究会事務局長・福岡県社会教育委員。

「半歩先」当時の朝食。

応援しています〝弁当の日〟

「親が子どもに遺《のこ》せるもの」

『食卓の向こう側』が大きな転機となり、食生活の重要性に目覚めた渡邊美穂さん。自らも1児の母となったいま、これまで以上の説得力をもって「食」の大切さ、〝弁当の日〟の魅力を語る。

フリーライター　渡邊美穂

実は台所は苦手だった

手足をばたつかせる元気な息子（7カ月）をおぶって、この原稿を書いています。初めての子育ては心配事ばかり。泣けば、おなかは満たしてやれているか、おむつは不快じゃないか、暑くないか、寒くないか、体調は悪くないか…とあれこれ試し、湿疹や便秘、下痢、夜泣きなどがあれば、原因を暗中模索する日々。いい親になる自信などまったく持てない現状ですが、ひとつだけ、息子にしっかり伝えようと決めていることがあります。それは、「台所は楽しい」ということ。新聞記者として〝弁当の日〟を取材したときからずっと、子育ての「柱」にしようと思ってきたことです。

実は私自身にとっての台所は、子どものころから「苦痛」「苦労」「苦手」の3苦でした。私の母は義務感で炊事をしていたので、背中がいつもしんどそうに見えていたからかもしれません。加えて「手伝いはいいから勉強しとき」と繰り返し言われて育ち、実際、ほとんど台所に立たないまま社会人になりました。「食べるものを自分で料理する」という感覚がないまま一人暮らし。食事は外食、弁当、出前ばかりで、何年も生ごみが出ない生活をしていました。今振り返ると、「食べること」そのものもおっくうだった気がします。ストレス発散になる友人や同僚との外食、飲み会は謳歌《おうか》していたのですが、「日常の食事」は、空腹感が収まれば何でもいいという感覚。あんパンでもチョコレートでも弁当でも、カロリーが摂取できればオッケーだったのです。

半歩先の挑戦

転機は、西日本新聞の連載「食卓の

最近の朝食。

飲んでばかりだったころ。
先輩記者と。

向こう側」の取材班になった2003年。命ある食べものをいただく大切さ、自分の体は将来のわが子の体でもあることなどを取材を通して知りました。「このままでは元気な子どもを産み育てられない」と目が覚めた私は、できることから始める「半歩先の挑戦」をスタート。まずは深夜の暴飲暴食を見直し、外食は和食中心に。朝だけはごはんとみそ汁を作り、お菓子やジュースは減らす…という自分なりの「半歩先」を試みたところ、3カ月後には生理痛がなくなり、便秘体質や肌質も改善。少しずつ気分も明るくなるのを実感して初めて、乱れた食生活が心身の不調を招いていたことに気づけたのです。

つくづく、妊娠、出産前に食生活の大切さに気づけてよかったと思っていますが、ただ、いまだに台所仕事を楽しめていないのが正直なところ。長年「食べる専門家」として生きてきただけに、どうしても「面倒くさい」のです。献立を考える、食材を洗う、きれいに保存する、下ごしらえする、作って盛り付けて、食べて、片付ける…。一連の作業を毎日繰り返すことは、やはり「3苦」。かれこれ8年ほど料理好きになろうと努力してきたものの、なかなか消し去れません。

料理に込められた「想《おも》い」で心を満たす人たち

一方、私が出会った〝弁当の日〟の経験者たちは、まるで正反対の様子。

ひどい生活だった私（渡邊が主人公モデルの『食卓の向こう側コミック編』より）

息子と。　撮影：丸谷美津子

赤ちゃんの時期から食べる姿は意識的に見せます。

小学生のときに〝弁当の日〟を楽しんだ大学生は、冷蔵庫にあるものでぱっと作れるから食費の節約は得意だし、家族や友だちのために作ることも好きなので食卓はにぎやかで楽しいと語ってくれました。印象に残っているのは、ある女子大生のひと言。「友だちと買ったパンやお弁当を食べることもあります。でも、あんまり満足できない。（その食品に）『気持ち』がないから」。作る楽しさを知る彼女は、胃袋だけでなく、料理に込められた「想《おも》い」で日々、心も満たしていることを知りました。

「やらねば」ではなく「やりたい」―。台所仕事をそう思える時期は、人生の中でほんの数年。やりたがるときがやらせどき、なのです。その時期に体感した喜びは生涯を通じて、台所や食卓にまつわる作業を楽しく感じさせるだろうと、私は思います。

ある母が娘へ遺《のこ》した財産

友人である先輩ママは、それを自宅で実践しました。安武千恵さん。彼女は25歳のときに乳がんが見つかって以来、食事や生活習慣を整えて病気を克服しようと頑張ってきた女性です。彼女のブログ「早寝早起き玄米生活」(http://plaza.rakuten.co.jp/cmbird7/)から、ある日のメッセージを紹介します。娘さんが5歳になる直前に書かれたものです。

＊　＊　＊

（２００８年2月16日）

私は、がんになった後に、ムスメを授かりました。だから、この子を残して、死ななければなりません。がんになってもならなくても、死ぬ順番は、私が先に決まっています。逆になったら、いけない。だとすると、心残りがないように、死ななければなりません。

彼女は、私がいなくなった後、生き

る上で必須科目となる、家事はできるだろうか。今ムスメに手伝わせている家事は、洗濯干し、洗濯たたみ、風呂洗い、靴並べ、掃除、保育園の準備、タンスの整理、自分の服の管理等。ついつい、わかっていても、危ないから、自分がした方が早いから云々と理由をつけて、一番大事な料理は最後になってしまいますね…。彼女の手伝いの中に、配膳と料理部門を増やすことが、今後の私の課題。

（中略）

　そして、日々祈るのです。旦那とムスメが、朝、「行ってきます」と言って出かけた後、「ただいま～」と、元気に帰ってくることを。がん友や、大切な人々が、毎日元気でいることを。それぞれの家族が、できるかぎり長く、幸せであることを。

＊　＊　＊

　娘さんが5歳になるとすぐ、彼女は、みそ汁作りを教えました。だしの取り方、野菜の切り方、みそのこし方、配膳の仕方…。その5カ月後、彼女の体はこの世から消えました。がんと闘いながら、心を〝鬼〟にしてわが子をしつけるのは、辛いときもあったでしょう。でも、そのおかげで、娘さんは自分で食事を作れるようになっていました。保育園に行く前にみそ汁を作り、「ありがとう」と喜ぶパパの笑顔で一日が始まりました。料理を作る喜び、食べてもらう幸せ。千恵さんが遺《のこ》した財産は、娘さんを生涯守ってくれるに違いありません。

　してやるだけが子育てじゃない。子どもが自分で自分を守れるように、周囲の人を幸せにできるように、「やりたい」時期の子どもたちを台所に立たせる仲間を広げたいものです。〝弁当の日〟は、その大きなきっかけになり得ます。ぜひ、一緒に楽しみましょう。

お食い初めの日。息子の健康を祈って。

安武千恵さんと娘さん。

渡邊美穂（わたなべ・みほ）
1997年に西日本新聞社に入社。社会部記者時代、のちに“弁当の日”の普及に大きな力をもたらすことになる長期企画「食卓の向こう側」の取材班として活躍。2006年退社後東京暮らしを経て、現在は福岡在住。7カ月になる子どもの育児に精を出しつつ、フリーライターとして取材・執筆を続けている。

応援しています〝弁当の日〟

「大学生も魅了した〝弁当の日〟」

九州大学大学院助教　佐藤剛史

きっかけは2006年10月22日、九州大学（以下、九大）で開かれた「九大食育ワークショップ―食卓の向こう側」。

このワークショップは、食に関心のある農学部の学生が友人の悲惨な食生活を見るに見かねて自主的に企画したものだった。

2006年10月、九州大学で学生たちが開いた「九大食育ワークショップ―食卓の向こう側」。

竹下先生の詩に感動

講師を務めた西日本新聞社の佐藤弘記者は、学生に同世代の若者の食の実態を突きつけた。最初のころは頑張って自炊していても、1カ月が過ぎ、半年もしないうちに、カップラーメン、コンビニ弁当が中心に…。対案として〝弁当の日〟を紹介。学生たちはみんな、弁当を作ってきた子どもたちの楽しそうで誇らしげな笑顔に魅せられ、竹下和男校長が卒業生に贈った詩「弁当を作る」（p.109参照）に感動した。打ち上げの席上、一人の女子学生が宣言した。

「九大でも〝弁当の日〟をやる！」「1回目は？」「26日」。4日後である。

※

実施日の前日。メンバーは深夜まで居酒屋で酒を酌み交わしていた。ある学生が、ふと言いだした。「どうしよう。明日は〝弁当の日〟だった！」「買い出ししてなかった」「スーパーももう開いてない！」いろいろな食材はないけど、1品だけなら何とかなる。だれかが言った。「一人1品持ち寄りにしよう」苦肉の策で、ひねり出したアイデアだった。

「次からはテーマを設けようぜ」いろいろなアイデアが出た。「名前の頭文字

食育ワークショップの振り返りで、今後の決意を宣言する学生。

食育ワークショップで、昨日の食事メニューを記入する学生。自給率も暮らしの議論もここから始まる。

食材弁当」「100円弁当」「一つの野菜で和・洋弁当」「これまで使ったことのない野菜」…。奇妙きてれつなテーマに沿って学生も私たち教員も、みんなの驚く顔をイメージしながら台所に立ち、月曜日の昼、みんなのおかずをつつきあう。

こうして生まれた「大学生弁当の日」は、以下の三つの特徴を持つことになった。

①1品持ち寄り形式
②週1回というハイペース
③毎回独創的なテーマを設ける

特に①の1品持ち寄りという形式が功を奏した。その理由。一つ目は、いろんな食材を準備しなくてもいい。家にある材料で弁当ができる。逆に、「家にあるもので作る」という能力が鍛えられる。二つ目は料理時間の短縮である。1品だけ作ればいいから、バイトにサークルに、そして勉強に忙しい大学生、朝もうちょっと寝ていたい大学生にとってはぴったりなのだ。三つ目は、いろんな食材を食べられること。1日30品目、なんて目標が掲げられるが、「大学生弁当の日」の場合、1回の昼食でそれを達成できる。ある日、皆で使用した食材をカウントしてみた。150品目を超えた。

近い将来、社会に出て、親になる

「大学生弁当の日」を経験すれば、間違いなく、調理技術が身につく。それは近い将来、家庭を持ち、親となり、子どもを育てる大学生にとって、大学生のうちに身につけておくべき大切な能力の一つだ。だがしかし、それだけではない。弁当作りで、社会に出て必要な、仕事に必要な多様な能力も身につく。

▼その1、アイデア力

素材を組み合わせ、調理方法を組み合わせて料理を作る。既存の料理を組み合わせることで、新しい料理が生み出される。あるもので作る、その日のお買い得品でメニューを考える、という力は、まさにアイデア力だ。

▼その2、イメージ力

味、食感、彩り等々、料理の完成図を思い描く力はイメージ力だ。

▼その3、段取り力

必要な道具、食材をそろえようと思えば、相当な準備が必要になる。さらに弁当作りの最中は、洗って、切って、炒めて、味付けして、盛り付けてと、たいへんなプロセスだ。ごはんを炊きあげながら、おかずを2品、3品と作る。しかも、蛇口、ガスこんろ、調理器具は限られている。すべての品について、熱い料理は熱いまま、冷たい料理は冷たくして食卓に並べる。料理は段取りのかたまりなのだ。

▼その4、マネジメント力

買い物の時間をどうやって確保するか。早起きできるか。できあがった料理をイメージし、必要な材料、道具を準備し、完成を目指して、そのプロセスをしっかりと管理していく。完成前のイメージと、できあがった料理を照らし合わせ、差が生じれば改善方法を考え、次に生かす。料理はまさにプロジェクト・マネジメントなのだ。

▼その5、人が喜んでくれることを自分の喜びに変える力

普段、朝寝坊をする男子学生が、朝の6時に起きて、揚げ物をする。いい加減な料理はみんなに食べさせられないと、前日に練習する女子学生もいる。食べてくれる人のことを思い描いて、必死に努力と工夫を重ねる。そして、実際に「おいしい!」「どうやって作るん?」などと言われると、本当にうれしくなる。誰かを喜ばすために、一生懸命、努力する力のある人間は、社会に出ても、絶対に活躍できる。

広がる大学生の輪

「こんなに楽しい〝弁当の日〟を、自分たちだけで楽しむのはもったいない」そう考えた学生たちが主催したのが07年4月21日、九大で開いた「大学生による大学生のための食育ワークショップ―花よりお弁当の日」だった。

九州各地の大学から80人の大学生が、「感謝」というテーマのおかず1品と、自分用のごはんを手に集合。グループごとに、「大学生の食生活を変える100の方法」というテーマでアイデア出しをしたり、「将来どんな家庭をつくりたいか」などについて大まじめにディスカッションした。クライマックスは、80人全員による「一人1品持ち寄り弁当の日」。お互いの作品を認め合い、いただくことで、性別、大学、学部や学年を問わず、本当に仲良くなっていく。現在、このワークショップは、最大で150人もの参加者が集まるイベントにまで成長した。

現在「大学生弁当の日」は、全国33の大学に拡大。これによって、〝弁当の日〟は対象年齢を上げることになり、社会人や子育てサークルなどでも取り組む人々が出てきている。

ひろがれ、〝弁当の日〟。

Q
弁当の日に参加して大切な○○さんに伝えたいことは？

「食材への感謝、作ってくれた人への感謝、食べてくれる人に感謝の気持ちを忘れたくないと思いました。食べてくれる人がいることの喜びを学びました」
（九州女子大学・4年女子）

「大切な母へ。今日は母の好きな食べ物を人生で初めて作りました。大切な人を思って作った料理は最高でした」
（九州大学・4年男子）

「お母さんに伝えたい！『今までおいしいごはんを作ってくれてありがとう』。そして、自分の子どもにもそう言ってもらえるといいな」
（中村学園大学・3年女子）

※ワークショップアンケートから

食育ワークショップで各班ごとに分かれて弁当を食べる大学生たち。こんな輪がキャンパスにいくつもできるのは壮観だ。

佐藤剛史（さとう・ごうし）
1973年生まれ。大分県出身。農学博士。現在、九州大学大学院農学研究院助教。研究と実践活動の両立、統合を目標に、里山再生活動、生物多様性保全活動、市民参加型のまちづくりなどを展開している。

応援しています〝弁当の日〟

「担任一人でも始められる、コース別〝弁当の日〟」

福岡市立愛宕小学校教諭　稲益義宏

「自分ができることしか、子どもたちには伝えない」
そんな基本姿勢で食育を行い、数々の実績を上げていた稲益先生に
ある日、すでに〝弁当の日〟の強力な応援団となっていた
西日本新聞社の佐藤弘さんが問いかけた。

できない方法ばかり言わんで

2007年2月。福岡市内のとある中華料理店。

「先生、福岡でも〝弁当の日〟ができませんかね」

竹下和男先生が始められた〝弁当の日〟を熱く語っていた佐藤弘記者は、私に問いかけた。取り組みとしてはおもしろい。しかし、実施するには壁がある。

「給食を止めるのが難しいですね。一人の担任が、自分のクラスだけ止めることはできない。しかも（当時）担任をしている3年生には、家庭科の時間がない。学校で調理の技術を教えることはできない」

できない理由を並べる私に、佐藤記者が一喝。

「できない方法ばかり言わんで、できる方法を考えんですか（怒）」

その勢いに圧倒された私は、いつの間にか可能な方法を考え始めていた。

店を出てから地下鉄の駅までの道のり。300メートルほど歩く中で、そのアイデアは浮かんだ。

「給食を止めんならいかんのなら、最初から給食がない日、そうそう、遠足の日にすればいいやん」

偶然、3年生が修了するまでの間に、弁当が必要な日が3回あった。それをうまく利用しよう。

できる方法を考えた

でも、最初から弁当を作っておいでなんて、ハードルが高すぎる。

「じゃあ、親が作った弁当のおかずを弁当箱に詰めてくることを子どもたちに言ってみよう。これだったら、『お手伝いをしよう』のレベルだ」

次の日、さっそく子どもたちに提案。

当時子どもたちは、総合的な学習の時間で「楽しく食べる10年計画　食べ物を選んで作れる自分になろう」という学習を行っていた。ちょうど学習を終えたころ。時期的にもグッドタイミング。何かやりたいと思っていた子どもたちは、やる気満々だった。

1回目の〝弁当の日〟。クラスの8割の子どもたちが親が作った弁当を弁当箱に詰めてきていた。中には、自分で作ってきた子どももいた。3年生は3クラス。他の二つのクラスも、学年一緒に総合の学習に取り組んでいた。しかし、声をかけられていない子どもたちは、一人として弁当作りのお手伝いをしていなかった。声をかけたら8割。かけなかったらゼロ。学校の力を感じた。

他のクラスの子どもたちにも、弁当におかずを詰めることを提案した。2回目の〝弁当の日〟には、他の2クラスもそれぞれ8割の子どもたちが詰めてきた。この時点では、保護者には何も伝えていない。子どもに伝えただけでこの数字。3回目も同じ。クラスはそのまま4年生に進学した。クラスはそのま

トンカツの上に、水筒に入れて持ってきた、卵を溶いただしをかけてカツ丼の出来上がり。クラスの子どもたちも興味津々。

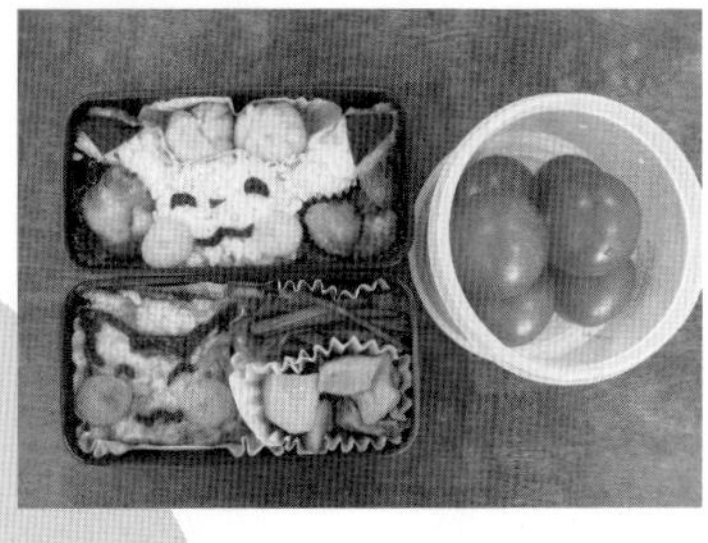

弁当のイメージスケッチ。絵を描くことで準備も完璧。

ま。私も持ち上がり。学年の先生に、遠足の日を使った〝弁当の日〟を提案すると「やりましょう！」と快諾いただいた。

実施方法は、

①5回ある校外学習の日に〝弁当の日〟を行う

②学校で調理技術を教えていないので、作る方法を家庭で判断してもらう「コース別〝弁当の日〟」で行う

ということにした。設定したコースは次の四つ。

▼**チャレンジコース**…すべて子どもが作る。

▼**親子で弁当コース**…親と一緒に弁当を作る。自分が作るところを、できるだけ増やす。

▼**おにぎりコース**…おにぎりをむすんだり、おかずを弁当箱に詰めたりする。

ここまでは、弁当作りに参加する必要があるコース。しかし、まだまだ4年生。弁当を作らない子どもも、この取り組みに参加させたい。そこで、作らなかった子どもは、弁当を全部食べて、感謝の言葉を表現豊かに演技して親に伝える

▼**エンターテインメント（ありがとう）コース**

を設定した。

やる気満々の子どもたち

最初の〝弁当の日〟。子どもたちは、3回のおかずを詰める経験からやる気満々。実施を伝えると、ガッツポーズの子どもも。四つのコースで弁当作り。子どもたちの9割以上が、「チャレンジコース」と「親子で弁当コース」に取り組んだ。

男の子の感想。

「最初話を聞いたときは、少しめんどうくさいなあと思いました。メニューを考えていると、全部自分で作りたくなりました。前の日の夜から準備を始めました。大根とにんじんのなますもお母さんに手伝ってもらわずに、一人でがんばりました」

彼の母親の話。

「『待ってろ兄ちゃんが最高の弁当を作ってやるから！』とエプロン姿もりりしく叫んでいました。『とうちゃん早く帰ってこないかな。僕のかっこいいとこ見せたいのに』とつぶやきつつ『かあちゃんいつも大変だったんだあ』とつぶやいた時は心の中でちょっとガッツポーズしてしまいました」

弁当作りでは、学習の成績は何ら関係がない。教室には、勉強が得意な子どももいれば、苦手な子どももいる。関係していたことは、日ごろからの家庭でのお手伝い、何より、弁当を作ろうという子どもの意志。

親と子と友だちと

〝弁当の日〟に、保護者の協力は不可欠だ。いくら子どもがやる気でも、親がその価値を感じることができなかったら、子どもが作る〝弁当の日〟は続かない。取り組んでみて気づくことは、親の協力は親の忙しさに比例していないということ。母親がフルタイムで働いている家庭では、子どもが家事の一部を担っていた。その経験が弁当作りにつながった。日ごろの何げない生活

の一部が学校の学習と結びついたことに、子どもたち、そして親も喜んだ。普段の生活では感じることができなかった友だちの姿に触れ、自分の生活を振り返る子どもと親。弁当作りは、子どもたちと親の生活を交流する場にもなった。

「お弁当作りが子どもたちや私たちに与えてくれたものの大きさは、はかり知れません。本当に感謝しています。ありがとうございました」（男児　母親）

〝弁当の日〟に取り組んで6年目を迎えた。現在でも続いている。これまで実践の中では、大人が想像もしない弁当もたくさん見てきた。朝から生春巻きを作った子ども。カツ丼を作った子ども。カツの上に水筒に入れて持ってきただしをかける姿に、クラスの子どもたちは興味津々。目の前の海で魚を釣っておかずにした子どもたち。〝弁当の日〟は、子どもたちのチャレンジの場ともなった。

子どもが成長していく姿は美しい。それを間近に見ることができる幸せ。〝弁当の日〟は人をつなぎ、未来を創る。

手作りの弁当を披露する愛宕小の４年生の児童

全児童が手作り弁当

食への意識向上へ

西区・愛宕小　〝力作〟見せ合い笑顔

子どもが自分で作った弁当を持参する「弁当の日」が、福岡市西区愛宕の愛宕小（古川勝敏校長、七百七十六人）で全校児童を対象に行われた。全校で一日給食をやめて弁当持参に取り組むのは、市内の小学校で初めての試み。

同校では本年度、食への関心を高めてもらおうと初めて「弁当の日」を計画した。児童は、自分ですべて作るコースや、親子で一緒に作るコースなど四つのコースの一つを選び、弁当作りに挑戦。昼食の時間になると、お互いの弁当を見せ合いながら楽しそうに食べる児童の姿が見られた。

ハンバーグとサラダを作った一年生の尾崎美海《みか》さん（六つ）は「（ハンバーグに入れた）シイタケを切るのが難しかったけど楽しかった。これからもずっと料理をしたい」とにっこり。全品を作った五年生の徳田珠李《しゅり》さん（一一）は「作る前はドキドキしたけどうまくできた。お母さんにも褒められました」と話していた。

年に１回、全校で〝弁当の日〟に取り組む愛宕小学校。西日本新聞に紹介された。

この年最後の〝弁当の日〟は，初めて全校で給食を止めて実施。笑顔いっぱいの子どもたち。体験が子どもたちを育てる。

稲益義宏（いなます・よしひろ）

福岡市立愛宕小学校教諭。福岡市立下山門小学校において総合学習「食べ物を選んで作れる自分になろう」の実践が、2007年度地域に根ざした食育コンクールで入賞。愛宕小学校では、2008年度農林水産省「教育ファーム推進事業」で、校区外に田んぼを借り稲作体験を実施。

応援しています〝弁当の日〟

「『食卓の向こう側』と〝弁当の日〟」

西日本新聞社編集委員　佐藤弘

2011年4月、宮崎市で開かれた「ひろがれ〝弁当の日〟シンポジウムin宮崎」。草の根から〝弁当の日〟を盛り上げたいという一保護者の呼びかけに、1800人の市民が集まりました＝写真①。そのコーディネーターが佐藤弘さんでした。

コーディネーターを務めた私は、シンポジウムのフィナーレを、鹿児島県のある島で、〝弁当の日〟を広げようと頑張っている歯科衛生士の女性からいただいたメールの紹介でしめた。

―私の町の〝弁当の日〟は学校主導ですが、反対意見を面と向かって学校に言えない保護者が、人を介して私に苦情を言ってこられます。

「〝弁当の日〟はお金がかかる。給食費は返納してくれるのか。推進しているあんたが責任をとれ」と。

たいがいの家庭環境を把握できる小さな町のこと。「あなたの家にこそ〝弁当の日〟が必要なんです。子どもの声を聞いてほしい。子どもは親に振り向いてほしいんです」。そう声を大にして言いたい気分でした。

新しいことを始めるのに反対はつきものだと思います。私もときどき、へこたれそうになりますが、私のことを応援しているわが子や、子どもたちを何とかしたいと思っている仲間や学校の先生。そして、〝弁当の日〟によって、普段、居場所の少ない子どもたちが輝く瞬間を見たら、負けてはいられません。

以前、実践校の数のことや〝弁当の日〟に取り組むだけで、学校が抱えている

① 1800人の市民を集めて開かれた「ひろがれ〝弁当の日〟シンポジウムin宮崎」。

問題を全て解決できるわけではないとある方から言われて議論しました。

それを聞いていた長女がたった一言。

「あの人は〝弁当の日〟の本当の意味を理解していない。自分の学校を見れば分かる。〝弁当の日〟をやるだけで学校が変わるわけがない。竹下先生がおられた綾上中学校のように、〝弁当の日〟に取り組む大人の真剣な後ろ姿を見て子どもは変わるんだよ」

子どもの視線のすごさに感動した瞬間でした―。

『食卓の向こう側』第8部で〝弁当の日〟を紹介

九州・山口で80万部を発行するブロック紙西日本新聞は2003年秋、朝刊1面で「食卓の向こう側」をスタートさせた=写真②。

第1部「こんな日常どう思いますか」のプロローグは、福岡市に住む4人家族の、ごくありふれた日常から始まる=写真③。それは、この食卓の風景にこそ、食の安心・安全の問題のみならず、家族、労働、健康、環境、教育そして農など、社会の抱えるさまざまな課題と、その解決への糸口があると思ったからである。

「これのどこがニュースなのか」―。連載前の社内には、そんな声もなくはなかったが、掲載と同時に取材班には読者から共感の手紙やファクス、メールが続々。第13部「命の入り口 心の出口」まで、1部ごとの連載をまとめたブックレット（1冊500円）は、累計で52万部を突破した=写真④。腐心したのは、良質の問題提起と、解決に向けての提案である。だが、この提案が難しい。

第2部「命つなぐために」で、「一歩じゃなくてもいい。半歩でいいから、踏み出しませんか」。どうしようもない食生活をしていた同僚の渡邊美穂記者が、「自分の体は自分のものであって、自分だけのものではない」ことに気付

③４人家族の食卓。連載は、このありふれた家族の日常から始まった。

食卓の向こう側 ■1

プロローグ

こんな日常どう思いますか

それぞれの家庭に、それぞれの食卓がある

②食卓の向こう側第１部：プロローグ。

④連載をまとめた『食卓の向こう側』ブックレット（西日本新聞社刊）。

いて生まれた変化を赤裸々につづった「半歩先の挑戦」＝写真⑤＝は、好感を持って読者に受け入れられたが、いわば精神論のレベル。より具体的な提案はないかと探していた折、友人から渡されたのが、竹下和男校長が書かれた『〝弁当の日〟がやってきた』＝写真⑥＝だった。

その明るくて深い狙いに魅せられた渡邊記者と私は、06年、第8部「食育その力」で、単なる栄養教育や、食育ビジネスと化している食育の状況に疑問を呈し、その対案として〝弁当の日〟を紹介した。

連載終了後、竹下校長を招いたシンポジウムを行ったのちも取材班独自で何度もセミナーを開催するうち、九州で実践校が続出。カリキュラムの一環として、弁当作りを実践した西南女学院大学＝写真⑦、あるいは大学生がサークル活動の一環で、テーマを決めて1品ずつ持ち寄って食べ合う九州大学農学部の「九大方式」＝写真⑧＝や、子どもが早起きして、家族にみそ汁を振る舞ってから登校する「みそ汁の日」＝写真⑨＝など、それぞれの現場に応じた工夫が加えられ、〝弁当の日〟は全国へ広がっていった。

⑤渡邊記者が読者に向かって呼びかけた「半歩先の挑戦」は大きな反響を呼んだ。

⑥『〝弁当の日〟がやってきた』（自然食通信社刊）。

⑧１品持ち寄りでお互いのおかずを食べ合う九大方式の〝弁当の日〟。

⑦カリキュラムの一環として〝弁当の日〟を実施した西南女学院大学。

作る力は「生きる力」そのもの

その後の各地域での広がり方を見て思うのは、実践が始まるか否かは、「やりたい」と思った人の立場には一切関係がないということである。▽校長が駄目だったから、担任が自分のクラスから始めた▽教師が動かなかったので、PTAサイドから働きかけた▽学校が無理だったので、自宅や公民館でやった▽給食が止められないと言われたので、給食がない遠足のときに子どもに呼びかけた…。それは、できない理由を探すのではなく、やる方法を考えた人たちであった。

冒頭で紹介したメールの女性もそう。子どもたちのためにできることは何か。それが彼女を動かし、その背中をわが子がじっと見ていたということなのだ。

「〝弁当の日〟は目的であり手段である」。私は、常々、こう主張している。子どもたちに自らの食を作る技を身に付けさせることは、一つの目的である。作る力は「生きる力」そのものであるからだ。

一方、食事を作ることを通じて、何かに気づかせる。それが健康であったり、食を支える農だったり、家族であったりするならば、手段としての〝弁当の日〟である。

いま、社会をぬぐいきれない閉塞《へいそく》感が覆う。だが、あきらめてはならない。特効薬はないけれど、いかに、わがこととして、相手の立場になって考えられる人を増やしていくか。それこそが、よりよき社会をつくる一歩になると、私は思っている。

問題は、目の前に見えている事象の向こう側にある。そのためには、向こう側を見つめるまなざしを養わねばならない。食を教えるか、食で教えるか。「を」と「で」わずか1字の違いではあるが、その持つ意味は天と地ほど違う。食で教える教育。それが〝弁当の日〟である。

⑩子どもが〝弁当の日〟で作る料理を後ろで見守る母親。

⑨早起きして家族の食べるみそ汁を作る〝みそ汁の日〟。

佐藤弘（さとう・ひろし）
西日本新聞社編集委員。中学時代、有吉佐和子の『複合汚染』を読み、ふるさとの野山がおかされていくわけを知る。百姓を志し、東京農業大学農業拓殖学科に進学するも、深遠なる「農」の世界に触れ、実践者となることを断念。側面から支援する側に回ろうと西日本新聞社に入社。現在経済部で「農、食、くらし」を担当。

Uoto Osamu manga column 3

見せっこしましょう

弁当の日の当日、
朝からお弁当の見せっこが
始まります。

わいわい、キャアキャア言いながら
見せっこをして、友だちの弁当の
彩りや盛り付けなどに刺激をうけ、
「まねしたい」と思います。

中には親に手伝ってもらって
とってもきれいな
弁当を持ってくる子どももいます。
でも、やはり少し引け目を感じ、
少々見栄えはわるくても
「ぜーんぶ」自分で作ってきたと言う
子どもには、引かれ、あこがれるのです。

そうして、2回3回と
回を重ねるうちに
そんな子どもも、
「ぜーんぶ」という子どもたちの
仲間入りをします。
子どもは、きっかけさえあれば
どんどん挑戦していくのです。

絵：魚戸おさむ

弁当を作る

平成14年度滝宮小卒業生に贈ったことば　竹下和男

あなたたちは、「弁当の日」を2年間経験した最初の卒業生です。
だから11回、「弁当の日」の弁当づくりを経験しました。
「親は決して手伝わないでください」で始めた「弁当の日」でしたがどうでしたか。

●

食事を作ることの大変さが分かり、家族を有り難く思った人は
優しい人です。
手順よくできた人は給料を貰《もら》える仕事についたときにも
仕事の段取りのいい人です。
食材が揃《そろ》わなかったり、調理を失敗したりしたときに献立の変更ができた人は、
工夫できる人です。
友だちや家族の調理のようすを見て、技を一つでも盗めた人は、
自ら学ぶ人です。
微かな味の違いに調味料や隠し味を見抜いた人は、
自分の感性を磨ける人です。

旬の野菜や魚の、色彩・香り・触感・味わいを楽しめた人は、
心豊かな人です。
一粒の米、一個の白菜、一本の大根の中にも、「命」を感じた人は、
思いやりのある人です。
スーパーの棚に並んだ食材の値段や賞味期限や原材料や産地を確認できた人は、
賢い人です。
食材が弁当箱に納まるまでの道のりに、たくさんの働く人を思い描けた人は、
想像力のある人です。
自分の弁当を「美味《おい》しい」と感じ「嬉《うれ》しい」と思った人は、
幸せな人生が送れる人です。
シャケの切り身に、生きていた姿を想像して「ごめん」が言えた人は、
情け深い人です。
登下校の道すがら、稲や野菜が育っていくのを嬉《うれ》しく感じた人は、
慈しむ心のある人です。
「あるもので作る」「できたものを食べる」ことができた人は、
たくましい人です。
「弁当の日」で仲間がふえた人、友だちを見直した人は、
人と共に生きていける人です。

調理をしながら、トレイやパックのゴミの多さに驚いた人は、
社会を良くしていける人です。
中国野菜の値段の安さを不思議に思った人は、
世界を良くしていける人です。
自分が作った料理を喜んで食べる家族を見るのが好きな人は、
人に好かれる人です。
家族が手伝ってくれそうになるのを断れた人は、
独り立ちしていく力のある人です。
「いただきます」「ごちそうさま」が言えた人は、
感謝の気持ちを忘れない人です。
家族が揃《そろ》って食事をすることを楽しいと感じた人は、
家族の愛に包まれた人です。

●

滝宮小学校の先生たちは、こんな人たちに成長してほしくって2年間取り組んできました。

おめでとう。

これであなたたちは、「弁当の日」をりっぱに卒業できました。

※p.109~111の表記はp.11の写真にそろえています。

“弁当の日”は、生きる力を育てる

新装改訂版 “弁当の日”がやってきた

著者：竹下和男
発行：自然食通信社
定価：1680円

それは10年前、一人の小学校長の「親は決して手伝わないで」の一言から始まった。月に1度、給食をストップし、5、6年生全員が材料の調達から調理、後片付けまで、一人で弁当を作るという全国初の実践。親たちの不安を吹き飛ばしたのは、子どもたちが持ち寄った自慢弁当と誇らしげな笑顔。自分だけの弁当から、誰かに作ってあげる喜びにも目覚めた子どもたちが家庭に「くらしの時間」を生み出し、家族や地域を結び直している。

台所に立つ子どもたち

著者：竹下和男
発行：自然食通信社
定価：1680円

“弁当の日”が隣町の中学校にもやってきた。「弁当作れば、高校受かるんか！」と叫ぶ生徒、「親に手料理を食べさせてもらったことがない」という生徒、「台所に包丁もまな板もない」という生徒たちもいる中でスタートした“弁当の日”。「大切にされる存在であるのか」と、「心の空腹感」を訴える子どもたちを救いたいとの著者の思いは教師、親、地域を動かし、全国へと波及。2011年8月現在、“弁当の日”実施校は763校に。

関連図書のご紹介

始めませんか 子どもがつくる「弁当の日」 ―鎌田實対談竹下和男

発行：自然食通信社
定価：1680円

弁当作りを通して、「してもらう」より、「心を込めてしてあげる」喜びの深さを知る子どもたち。子どもの中の計り知れない力に親も学校もひらかれていく数々の“事件”に、「最後まで見捨てない医療」の理想を掲げ、地域医療の改革に取り組まれた鎌田氏は「目からウロコ！」と幾度も膝をたたき、「“弁当の日”は学校の小さなイベントが、実は教育現場を揺るがすような大きな構想に裏打ちされている」と絶賛。

泣きみそ校長と弁当の日

著者：竹下和男・渡邊美穂
発行：西日本新聞社
定価：1470円

“弁当の日”を考案した元小学校校長竹下和男さんの体験に基づく六つの実話を紹介。親の反対を押し切って自力で奮闘する男の子、ピーマン嫌いのクラスメートのために工夫する女の子。「父子家庭だから」と“弁当の日”に反対する父親が、徐々に態度が変わり積極的に息子と関わっていく様子を描いたエピソードも。自分や大切な人のためにがんばる子どもたちは、食事を作る大変さを学び、家族や友だちを思いやり、同時に感謝される喜びも知る。

ここ―食卓から始まる生教育

著者：内田美智子・佐藤剛史
発行：西日本新聞社
定価：1500円

生きるとは何か、命とは何かを見つめ直すことが社会に求められている。本書は、「性」「生」「食」をテーマに全国で講演活動を展開する福岡県行橋市の助産師と、大学生の食育に取り組む九州大学大学院助教の共著。内田さんが28年の助産師経験の中で、「性」の問題から「食」にたどりついた背景や思いをつづる。佐藤さんが、データや実験結果などを基に内田さんの考えを裏付ける解説を終章に収録する。

いのちをいただく

著者：内田美智子
発行：西日本新聞社
定価：1260円

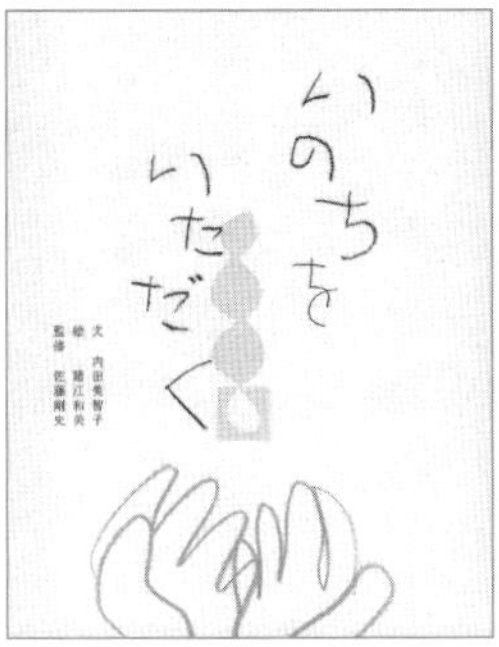

「命と食」をテーマに講演を行う熊本県の食肉加工センターに勤める坂本義喜さんの体験談を基にした絵本。牛のみいちゃんを育てたおじいちゃんと女の子、食肉加工センターで働く坂本さんと息子のしのぶ君、それぞれが命に思いをはせながら、「みいちゃんが牛肉になる日」を迎える感動実話。物語は「いただきます」という言葉が持つ感謝の念と、日々食事をいただくことができる幸せを、私たちの心に深く刻み込んでくれる。

食卓の向こう側 コミック編〈1〉

作画：魚戸おさむ
原作：佐藤弘・渡邊美穂
発行：西日本新聞社
定価：1000円

西日本新聞に連載された「食卓の向こう側」のコミック版。女性記者が取材を通して食事の大切さに気づき、変化していく姿と、現代の食が抱える問題点が描かれている。連載に共感した『家栽の人』や『玄米せんせいの弁当箱』等で知られる漫画家の魚戸おさむさんが、若い世代に向けて、「食卓の向こう側」に込められたメッセージを漫画で伝える。食育の重要性が指摘される中、何を食べ、どう生きるべきなのか、分かりやすく解説されている。

食卓の向こう側第13部
命の入り口　心の出口

著者：西日本新聞社「食くらし」取材班
発行：西日本新聞社
定価：500円

好評シリーズ「食卓の向こう側」の今回のテーマは「噛（か）む」。「口は健康のシグナルであり、全身の病とつながっている」として、食べ物が最初に入る口や歯に注目した健康づくりを考える。咀嚼（そしゃく）回数が戦前と比べて半分以下に減った現代人。唾液の自浄効果を示しながら、口腔（こうくう）ケアで高齢者の肺炎予防やインフルエンザ対策に取り組む事例を紹介。予防的措置に対する診療報酬が低い現行の保険制度の問題も提起。

※定価はすべて税込み

〝弁当の日〟にはチカラがある

弁当の日—食べ盛りの君たちへ

編：佐藤剛史
発行：西日本新聞社
定価：800円

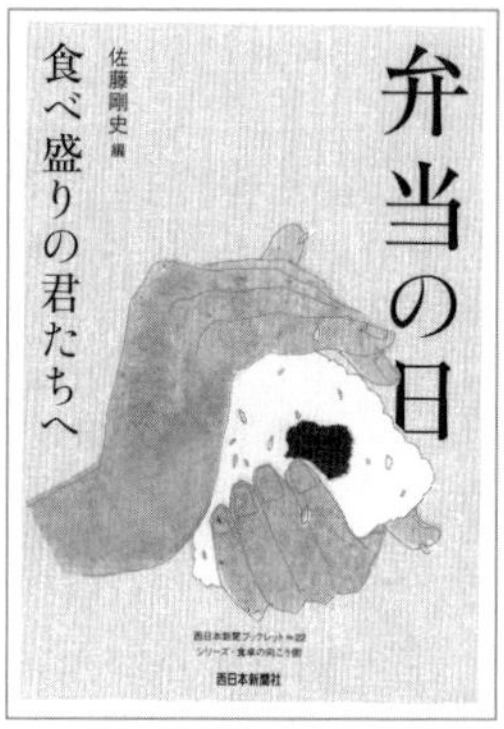

子どもたちの〝弁当の日〟に共感した九州大学の学生たちが「小学生に負けちゃおられん」と、一人1品持ち寄り方式の大学生版〝弁当の日〟をスタートさせ、その輪は近隣の学生たちにも広がっている。本書は、それを基に、その効果と展望、学生の食生活や調理知識、技術の実態などについて同大の佐藤剛史助教をはじめ、5人の教育関係者らが執筆し、まとめた。アイデア満載の弁当がリポートされているブログや卒業生の声なども収録。

大学では教えてくれない大学生のための22の大切なコト

編：佐藤剛史
発行：西日本新聞社
定価：840円

自由な分、責任も増し、迷い悩む大学生に、多くの手がかりをくれる本になるだろう。助産師、新聞記者、大学助教、国際協力機構、国際協力推進員など各分野で活躍する6人の「特別講義」を届ける。産むってどういうコト？　私の体は誰のもの？　セックスするってどういうコト？　ボランティアするって？　気になる疑問に一つずつ答えていく。また、若年層に増えているうつ病やデートDV（恋人間での暴力や束縛）、妊娠についても考える。

関連図書のご紹介

すごい弁当力！—子どもが変わる、家族が変わる、社会が変わる

著者：佐藤剛史
発行：五月書房
価格：1575円

テレビ、新聞、雑誌等で大きな話題になったベストセラー。

「弁当ブーム」に本物の一冊。手作り弁当が日本を変える！〝弁当の日〟のユニークな取り組みや「弁当」をテーマにした感動的な講演で評判の九州大学の「お弁当先生」が、「弁当力」のすべてを明かす！

「一昨日の夕食は思い出せなくとも、弁当の思い出は、鮮やかによみがえる。心の中に弁当が刻まれている。それが弁当の力だ」（本文より）

もっと弁当力!!　作って伸びる子どもたち

著者：佐藤剛史
発行：五月書房
定価：1575円

『すごい弁当力！』の反響にこたえた弁当力シリーズ第2弾。さらに深く、豊かに、手作り弁当の力を追求。前作同様、感動、感涙のエピソードや子どもたち（小学生〜大学生）の体験談や作文も多数収載。子どもが自ら作る〝弁当の日〟の実践例も紹介、応用編もあり。弁当を作れば、優しさが見えてくる。温かさが見えてくる。愛情が見えてくる。感謝が芽生えてくる。豊かさが見えてくる。弁当は、最高のコミュニケーションツールだ！

玄米せんせいの弁当箱5

著者：魚戸おさむ・北原雅紀
発行：ビッグコミックス 小学館
定価：540円

食べることは生きること。人間は実にさまざまな理由や目的からモノを食べている。国木田大学農学部の講師・結城玄米は食べる喜びを学生たちと共有すべく講義を行っている。この第5集では教育実習に出た玄米の教え子大空千夏が弁当作りを通じて、中学生たちの心と向き合う様を描いた「台所に立つ子どもたち」や、雛祭りの「弁当」を描いた「母さんの白酒」ほか9編を収録。心まで元気にしてくれる食のヒントが満載されたコミックスです。

カムカム大百科　歯科医から見た食育ワンダーランド

著者：岡崎好秀
発行：東山書房
定価：1785円

「歯科医の話といえば、『歯みがき』や『甘いものはダメ！』。誰もが『またかー』と思います」「もっと歯の話をおもしろく語る方法はないのでしょうか？」食べ物と歯、口にまつわるさまざまなトピックを、ユニークな視点をまじえ、読みやすく楽しいマンガで紹介！ 月刊誌『健康教室』で好評を博した連載に書き下ろし4話を加え計16話を収載。漢字には〝かな〟をふっていますので、子ども向け教材としても活用できます。

ひとりで お弁当を作ろう

著者：多賀正子
発行：共同通信社
定価：735円

小学3〜4年生にできる弁当作りの基本技術と基本メニューを6点掲載。レシピだけでなく「しっかり火を通そう」「冷ましてつめる」「水気は切って」「バランスよく」「ごはんは適度に」「味のバリエーション」「涼しい場所に置く」「食べる前に観察」など誰も教えてくれない当たり前のことも説明しています。これさえできれば大抵のものは一人で作れるようになります。竹下和男と九州大学大学院助教、佐藤剛史が監修。

エダモンおすすめ ひとりでお弁当を作ろう

著者：枝元なほみ
発行：共同通信社
定価：840円

現・NHK Eテレで放送された『ひとりでできるもん！ どこでもクッキング』で子どもに人気の「エダモン」こと枝元なほみさんが、おすすめするお弁当レシピ。

子どもが大好きなメニューを中心に、小学5〜6年生が自分で作れるお弁当を6点、お母さんが子どもに教えるときにも使える料理の基本技術もたっぷり掲載。オールカラー、全工程写真入りで細かく解説しています。竹下和男が監修。

※定価はすべて税込み

あとがき

竹下和男

27年前に71歳で逝った父は、亡くなる前に長女（第1子。私は三男坊の第5子）に「じいちゃん、いつが一番、楽しかった？」と問われて、「そりゃー、子育てのときよ」と答えている。そして「もう死んでも悔いがない」と言い切った。わが子に自尊感情を与えた強烈な遺言だった。

終戦までに3人、戦後に2人の計5人の子どもを授かった父母は、普通のサラリーマンでは食っていけないと、搾油（菜種油）業を営み、馬車馬のように働いた。その父母は「仕事がきつい、やめたい」とぼやいたことが一度もなく、貧しいが温かな食卓が毎日あった。この終戦前後の食糧難の時代を父は「楽しかった時代」と言い切って逝ったのだ。

この言葉は、「お前たちが生まれてきてくれてうれしかった。育てる価値があった。日々の成長が、どんなに楽しかったことか」という意味だった。

私が提唱し、〝弁当の日〟応援団とともに、その実践校を全国に広げている〝弁当の日〟は、子育てを疎ましがっている、全国の多くの親たちに『子育ては楽しい』と言い切ってほしい」というメッセージなのだ。

就学前の乳幼児期も、高校入試までの義務教育期も「手のかかる、ガマンの時代」ではない。子どもは日々成長している。子どもの記憶にはほとんど残ることのない3歳以前でさえ、「子育ては楽しい」というオーラを浴びせてほしいと親にせがんでいる。自他の区別さえもつかないこの時期に、自尊感情の基礎は形成されるからだ。

寝がえりをうち、這《は》い、立ち、歩み、走り始め、行動範囲が広がるほどに危険は増し、目離しできなくなるが、この時期のすべての子どもたちは「親のようになりたい」と思って、日々を暮らしている。だから、できるはずがないのに、周囲の人たちと同じことを自分でしたがる。例えば、スプーンや箸で食べることができるようになるまでに繰り返される失敗のすべてが、その技術習得のための基礎になるのだ。

そう割り切れば、幼くて、手のかかる子育て時代も「うれしい成長の一場面」になる。

「小学校にあがるまでは、よく台所に立ちたがっていたのに…」という親がいる。それは、入学後は台所に立たせることより、学校の勉強、塾、習い事等をさせることを優先するという親の想《おも》い（オーラ）に応えた生活を子どもが始めたにすぎないことが多い。

また、中学校で〝弁当の日〟をスタートしようとすると、学年が上がるほど〝弁当の日〟への意欲は低くなる。それは「台所に立つことに価値はない」というオーラを浴びた年数が長いことによる。そんな価値観が体の中に沈殿し凝固している。

〝弁当の日〟が香川県の滝宮小学校でスタートして11年目になった。「〝弁当の日〟1期生」たちが成人式を迎えている。同窓会に招かれた私は、彼らの体の一部となっている〝弁当の日〟を確認して恍惚《こうこつ》となった。

スタートは正直、怖かった。〝弁当の日〟が原因で、とりかえしのつかない重大な事故(指の切断や火災、焼死)が起きたら、責任の取りようがない。そのとき、滝宮小学校区の住民である私は教職を退き、家族ともども行方不明になる覚悟だった。だから、〝弁当の日〟の初日は早くから目が覚め、2階のベランダから校区を見渡しながら「火の手よ、上がらないでくれ」と念じ続けていたのだ。

〝弁当の日〟を繰り返せば成長が見えること、それが子どもの一生の宝になるという信念は全く揺るがなかった。だから校長としての10年間は「理想を語り、具体を示し、結果を出す」スタンスを通した。その後の異動先の国分寺中学校と綾上中学校でも〝弁当の日〟を実施した。

成人した1期生が「よくぞ〝弁当の日〟を始めてくれました」と言ってくれた。彼らは〝弁当の日〟の価値の体験者だ。彼らは間もなく親になる。そしてわが子を、幼いうちから台所に立たせるにちがいない。「子育ては楽しい」のオーラをわが子に浴びせるスパイラルは、こうして繰り返される。

だから、『〝弁当の日〟がやってきた』（自然食通信社）のあとがきに記したように、〝弁当の日〟は100年後の子どもたちを育てることができるメッセージなのだ。

全国の多くの地方紙に連載された共同通信社配信の原稿を軸に出版する話をいただき、編著の肩書で上梓することになった。

〝弁当の日〟で成長した子どもたち、それを喜んだ保護者たち、〝弁当の日〟の取り組みを支えた私の同僚たち、そして全国の〝弁当の日〟応援団の熱意が私を担ぎ上げ、この本が出来上がったと思っている。私は、すべての執筆者はもちろんのこと、写真に写っている児童、生徒、人、弁当、食材の代弁者として語ったにすぎない。

特に編集にご尽力いただいたスピリットの平田講樹さん、共同通信社の金田誠さん、教育同人社の余川亘さんに心から厚く、感謝の意を表したい。

平成23年9月吉日

できる！を伸ばす 弁当の日
—— 親はけっして手伝わないで

発行日	2011年10月5日	第1刷発行
	2016年1月15日	第4刷発行
編著者	竹下和男	
編集協力	平田講樹［spirit］	
発行人	佐藤雄二郎	
発行所	株式会社共同通信社 K.K. Kyodo News	
	〒105-0001 東京都港区虎ノ門 2-2-5 共同通信会館	
	電話 03(5549)7603	
印刷所	大日本印刷株式会社	

ISBN978-4-7641-0635-2 C0095